Anselm Grün

Du kannst vertrauen

Anselm Grün

Du kannst vertrauen

Worte der Zuversicht in Zeiten der Krankheit

Vier-Türme-Verlag

INHALT

Vorwort

Dieses Buch wendet sich sowohl an Kranke als auch an Menschen, die Kranke pflegen oder begleiten. Es will den Kranken helfen, ihre eigene Krankheit zu verstehen und spirituell damit umzugehen. Zugleich lädt dieses Buch dazu ein, sich selbst Gedanken zu machen über den Sinn der eigenen Krankheit und über die Erfahrungen, die jeder mit seiner Krankheit macht.

Der Kranke wird dazu ermuntert, ein Tagebuch zu führen und die Gedanken aufzuschreiben, die ihm in seiner Krankheit durch den Kopf gehen. Zu diesem Buch haben mich die Erfahrungen angeregt, die ich mit eigener Krankheit und bei der Krankenbegleitung gemacht habe. Bereichernd war auch der Austausch mit der evangelischen Theologin Hsin-Ju Wu, mit der ich während eines längeren Aufenthaltes in Taiwan zusammengearbeitet und gemeinsame Vorträge gehalten habe und die ganz ähnliche Erfahrungen wie ich gemacht hat. Inspiriert hat uns beide die Erzählung eines Pastors, der von einer Frau berichtete, die während ihrer Krankheit ihre Gedanken aufgeschrieben hat. Bei der Beerdigung haben dann die Verwandten aus diesem Tagebuch vorgelesen. Alle Anwesenden waren tief berührt von den Gedanken, die dieser Frau in ihrer Krankheit gekommen sind und die sie für sich selbst, aber auch für ihre Familie aufgeschrieben hat.

Dieses Buch ist aber auch gedacht für die Männer und Frauen, die Kranke begleiten: für die Krankenhausseelsorger, für die Mitglieder der Pfarreien, die Kranke aus ihrer

Pfarrei besuchen, und für die Angehörigen von Kranken. Sie finden in diesem Buch Gedanken, die ihnen möglicherweise bei der Begegnung mit Kranken helfen, und Vorschläge, wie sie Kranke dazu ermutigen können, mit ihrer Krankheit spirituell umzugehen. Hinzu kommen Anregungen für Rituale, welche die Begleiter mit den Kranken vollziehen können. Darüber hinaus bietet dieses Buch Meditationen und Gebetskarten, die in Zeiten der Krankheit trost- und hilfreich sein können. Kranke brauchen Bilder und Worte, an denen sie sich gleichsam festhalten können. Und sie sehnen sich danach, dass die Begleitung nicht nur mit Worten geschieht, sondern durch Rituale, die tiefer gehen als bloße Worte.

So hoffe ich, dass ich mit diesem Buch den Kranken eine Hilfe in die Hand gebe, wie sie mit ihrer Krankheit umgehen können. Und ich wünsche den Begleitern von Kranken, dass sie in diesem Buch Anregungen finden für den Umgang mit kranken Menschen. Ich habe die Texte dieses Buches im Austausch mit Frau Hsin-Ju Wu besprochen. So sind diese Texte aus der gemeinsamen Erfahrung entsprungen. Ziel ist es, den Kranken und den Begleitern von Kranken zu helfen, ihre eigenen Erfahrungen zu verstehen und sie bewusster zu erleben.

Pater Anselm Grün

Einleitung

Jesus hat sich in besonderer Weise den Kranken zugewendet. Er hat Kranke geheilt und uns Christen den Auftrag gegeben, uns um die Kranken zu kümmern, ja sie sogar zu heilen. In der Aussendungsrede gibt Jesus den Jüngern den Auftrag: »Geht und verkündet: Das Himmelreich ist nahe. Heilt Kranke, weckt Tote auf, macht Aussätzige rein, treibt Dämonen aus!« (Matthäus 10,7f)

Die Heilung der Kranken ist Zeichen für die Nähe des Himmelreiches. Wenn Gott im Menschen herrscht, dann kann dieser gesund werden. Das heißt nicht, dass jede körperliche Krankheit sofort geheilt wird. Aber der Mensch wird in seiner Seele heil und ganz. Von den Christen – so fordert uns Jesus auf – soll eine heilende Ausstrahlung auf die Menschen ausgehen. Sie sollen Leben wecken in Menschen, die innerlich tot sind. Sie sollen Aussätzige rein machen, indem sie Menschen, die sich selbst nicht annehmen können, durch ihre liebende Zuwendung dazu befähigen, sich als wertvoll und rein zu empfinden. Und sie sollen Dämonen austreiben, das heißt, sie sollen die Menschen befreien von krank machenden, unreinen Geistern, die das Denken und Fühlen eintrüben. Sie sollen die Menschen von inneren Zwängen befreien.

Jesus ist auf kranke Menschen zugegangen. Der Evangelist Matthäus deutet sein heilendes Handeln an den Kranken mit einem Verweis auf den Propheten Jesaja: »Dadurch sollte sich erfüllen, was durch den Propheten Jesaja gesagt worden ist: Er hat unsere Leiden auf sich genommen und unsere Krank-

heiten getragen« (Matthäus 8,17 und Jesaja 53,4). Und der
1. Petrusbrief versteht das Wirken Jesu vor dem Hintergrund
der prophetischen Worte folgendermaßen: »Durch seine
Wunden seid ihr geheilt« (1 Petrus 2,24 und Jesaja 53,5). So
hat er uns einen Weg aufgezeigt, wie wir mit der Krankheit
im Blick auf Christus spirituell umgehen können. Und so fordert Jesus auch uns Christen auf, Kranke zu besuchen und sie
auf ihrem Weg der Krankheit zu begleiten. Den Worten der
Bibel folgend möchte ich daher diese drei Bereiche behandeln:
die Deutung der Krankheit, den spirituellen Umgang mit der
Krankheit und die christliche Begleitung kranker Menschen.

I.

Die Deutung der Krankheit

Wenn wir krank werden, sind wir innerlich verunsichert. Wir fragen uns: Warum gerade ich? Ich habe doch immer gesund gelebt, mich immer um meine Gesundheit gekümmert. Warum hat es mich getroffen? Was habe ich verkehrt gemacht? Habe ich mich falsch ernährt? Oder haben mich die Umstände in der Firma oder die schwierige Beziehung in der Ehe krank gemacht?

Wir suchen immer nach Ursachen für unsere Krankheit. Und manchmal beziehen wir diese Ursache auch auf Gott: Warum hat Gott das zugelassen? Wie kann Gott so grausam sein? Was ist das für ein Gott, dem ich bisher gedient habe? Habe ich mich in Gott getäuscht? Hat Gott mich durch die Krankheit gestraft, weil ich nicht so gelebt habe, wie er sich das vorstellt?

Keiner von uns ist gefeit gegen Krankheit. Auch wenn wir noch so gesund leben, wenn wir auf gesunde Ernährung achten und uns genügend bewegen, haben wir keine Garantie, von Krankheit verschont zu bleiben. Werden wir krank, gehen wir zum Arzt und setzen alles daran, die medizinischen Möglichkeiten auszuschöpfen. Aber wir müssen uns auch innerlich mit der Krankheit auseinandersetzen. Wir haben sie als unsere Aufgabe zu sehen, an der wir wachsen können. In diesem Sinne ist unsere Krankheit als geistliche Aufgabe zu verstehen.

Die Krankheit stellt mich in Frage – sie stellt mir viele Fragen. Die erste Frage ist die nach dem richtigen Leben: Weist mich meine Krankheit darauf hin, dass ich etwas übersehen habe, dass ich an meiner Wahrheit vorbeigelebt habe? Habe ich mich übernommen? Habe ich zu viel gearbeitet? Habe ich zu viel heruntergeschluckt? Habe ich wichtige Signale meines Leibes und meiner Seele überhört? Was will mir die Krankheit sagen? Was sollte ich verändern? Wo sollte ich andere Akzente in meinem Lebenskonzept setzen? Worauf kommt es wirklich an in meinem Leben? Sollte ich kürzertreten, behutsamer und achtsamer leben? Was bedeuten mir meine Freunde, meine Familie? Wo habe ich sie vernachlässigt? Wie möchte ich mit ihnen umgehen, wenn die Zeit, die mir mit ihnen bleibt, begrenzt ist? Die Krankheit ist eine Chance, mein Leben zu überdenken und die Schwerpunkte anders zu setzen.

Was sagt dir deine Krankheit? Wo hat sie deine Sicht des Lebens verändert? Wo hat sie die Maßstäbe, nach denen du lebst, relativiert und dir andere Maßstäbe für dein Leben geschenkt? Und wo hat dich deine Krankheit verwirrt und ratlos gemacht? Oder hat dich deine Krankheit wütend werden lassen: wütend gegen Gott, wütend gegen das Schicksal, wütend gegen die Ärzte, die dich nicht vor der Krankheit geschützt haben?

1. Psychologische Deutungen

Viele Kranke suchen nach Ursachen für ihre Krankheit. Sie fragen sich, was sie selbst möglicherweise verkehrt gemacht haben und ob dieses oder jenes an ihrer Lebensweise falsch war. Diese Art, die Krankheit zu deuten, entspricht dem kausal-reduktiven Deutungsmodell von Sigmund Freud, dem Begründer der Psychoanalyse. Dabei reduziere ich die Krankheit auf eine vergangene Ursache. Dieses Deutungsmodell sagt natürlich auch etwas Richtiges. Wenn ich mich falsch ernährt habe, dann weiß ich, dass dies die Ursache meiner Krankheit ist. Oder wenn ich zu viel Alkohol getrunken habe, weiß ich, dass dies meiner Leber geschadet hat. Die Erkenntnis der Ursache kann mich einladen, mein Leben zu ändern, die krank machenden Ursachen zu vermeiden oder zu reduzieren.

Manchmal verweist die körperliche Krankheit aber auch auf eine seelische Ursache. Ein Beispiel: Eine Frau hat Gürtelrose bekommen und wurde ihre Krankheit auch deshalb nicht los, weil die Beziehung zu ihrem Mann nicht mehr stimmte. Sie wollte mit dem Willen unbedingt an der Beziehung festhalten, doch ihr Körper sagte ihr, dass diese ihr auf Dauer nur schaden würde. Als sie sich von ihrem Mann getrennt hatte, wurde sie wieder gesund.

Aber wenn ich das kausal-reduktive Deutungsmodell verallgemeinere, dann vermittle ich jedem Kranken: Du bist selbst schuld an deiner Krankheit. In der New-Age-Bewegung sagt man den verletzenden Satz: »Du machst dir deine Krankheit selbst.« Mit einem solchen Satz verletze ich den Kranken und werde ihm in seiner Situation nicht gerecht. Ich vermittle ihm Schuldgefühle. Und mit solchen Schuldgefühlen mache ich seine Krankheit nur noch schlimmer. Ich schwäche seine Gesundheit. Dennoch ist es heute sehr weit verbreitet, Krankheiten allzu schnell als psychisch bedingt hinzustellen.

Wie verletzend das für den Kranken bzw. die Kranke sein kann, wird zum Beispiel in dem Buch des amerikanischen

Psychologen Ken Wilber deutlich. Ken Wilber berichtet von der Brustkrebserkrankung seiner Frau Treya und von ihrem Umgang mit der Krankheit. Treyas eigene Erfahrungen kommen zudem in den mitabgedruckten Passagen aus ihrem Tagebuch zur Sprache.

Einen Monat nach ihrer Heirat wird bei Treya Brustkrebs diagnostiziert. Sie ist schockiert. Noch mehr verletzt sie jedoch die Reaktion ihrer Freunde, von denen viele – wie sie selbst – Psychologen sind. Diese urteilen sehr schnell: »Du hast Krebs, weil du zu viel Groll verdrängt hast.« Das macht Treya und ihren Mann wütend. Sie sprechen miteinander über die Deutung von Krankheit. Und sie erkennen: Immer wenn sich jemand eine Theorie macht über meine Krankheit, weigert er sich, sich auf mich in meiner Krankheit einzulassen. Er hält die Theorie zwischen sich und mich, weil er nicht bereit ist, mich in meiner Krankheit wirklich zu verstehen und sich mir zuzuwenden.

Wir sollten daher sehr vorsichtig sein, die Krankheit sofort zu deuten. Und vor allem sollten wir es uns verbieten, in der Vergangenheit die Ursachen für die Krankheit zu suchen. Denn die Vergangenheit können wir nicht ändern. Und wir zerfleischen uns nur mit Schuldgefühlen, wenn wir in der Vergangenheit nach der Ursache fragen.

Heilsamer als das Deutungsmodell von Sigmund Freud ist das von C. G. Jung. Man nennt es das finale Deutungsmodell. Jung fragt nicht nach der Vergangenheit. Er fragt die Krankheit vielmehr: Was für einen Impuls gibst du mir für die Zukunft? Ich quäle mich dann nicht mit Schuldgefühlen, sondern ich nehme die Krankheit an, um bewusster und achtsamer zu leben und um manches in meinem Leben zu ändern.

Ich höre auf die Botschaft der Krankheit. Sie hat mir etwas zu sagen. Sie ist ein Impuls für die Zukunft. In jeder Krankheit steckt durchaus eine Botschaft. Wenn ich immer wieder Schnupfen bekomme, sagen wir ja auch: Ich habe die Nase voll. Aber ich quäle mich dann nicht mit der Vergangenheit. Ich nehme den Schnupfen vielmehr als Impuls, besser auf mich aufzupassen, mich besser abzugrenzen. Die Krankheit hängt mit der Psyche zusammen. Sie ist eine Mahnung, besser für meine Seele und meinen Leib zu sorgen. Aber ich soll nicht in der Vergangenheit herumwühlen, was ich verkehrt gemacht habe. Denn dann werfe ich mir nur meine eigene Schuld vor. Und diese Selbstvorwürfe helfen mir nicht weiter. Es ist ganz normal, dass wir nicht immer achtsam leben. Doch wir sollten die Mahnung des Leibes berücksichtigen, behutsamer und sorgsamer mit uns umzugehen.

C. G. Jung verbindet sein finales Deutungsmodell mit dem Begriff der Synchronizität (= Gleichzeitigkeit). Manchmal treten psychische und körperliche Symptome gleichzeitig auf. Dennoch kann man das gleichzeitige Auftreten von Krankheit und seelischer Problematik nicht kausal erklären. Ein Beispiel: Zu mir kam eine junge Frau und fragte mich: »Ist Sehnenriss psychisch bedingt?« Ich war verwundert über diese Frage und antwortete: »Warum willst du das so genau wissen?« Da erzählte sie: »Ich habe eine Freundschaft mit einem jungen Mann gehabt. Doch die ist zerrissen. Am Abend nach meiner Trennung von ihm habe ich mir beim Volleyball die Sehne zerrissen.«

Eine solche Gleichzeitigkeit kann man wohl kaum kausal erklären. Aber es ist ein Phänomen, das wir oft beobachten können. Manchmal trift eine innere Zerrissenheit mit einem äußeren Unfall zusammen. Wir sollten dann den Unfall als Symbol sehen, aber nicht nach den Ursachen fragen.

Wenn wir das finale Deutungsmodell von C. G. Jung annehmen, dann können wir uns in der Krankheit folgende Fragen stellen: Was ist Leben, wenn es begrenzt ist, wenn es verletzt ist? Worin besteht der Sinn meines Lebens? Was will Gott mir durch die Krankheit sagen? Worauf setze ich?

Die Krankheit zwingt mich, von manchen Illusionen Abschied zu nehmen. Ich erlebe meine Endlichkeit, meine Vergänglichkeit. Alles, was ich bisher geschaffen habe, relativiert sich. Ich kann die Krankheit nur in innerem Frieden bewältigen, wenn ich mich auf meine wahre Identität besinne. Was ist mein innerster Kern? Was ist mein wahres Selbst? Alles Äußere fällt weg. Der Leib funktioniert nicht mehr, wird unansehnlich. So muss ich den Weg nach innen gehen und dort mein wahres Selbst entdecken. Bei aller äußeren Gefährdung und Schwächung gibt es in mir einen Raum, in dem ich heil bin und ganz. Es ist der Raum der inneren Stille, wo Gott selbst in mir wohnt. In diesen Raum muss ich mich zurückziehen. Es ist eine Konzentration auf das Wesentliche. Alles andere fällt ab.

Es gibt auch noch andere Fragen, die in der Krankheit auftauchen: Was bleibt, wenn ich sterbe? Was ist die Essenz meines Lebens? Was ist die Spur, die ich eingegraben habe? So lädt mich die Krankheit ein, mir von Neuem darüber bewusst zu werden, was ich mit meinem Leben vermitteln möchte, was die eigentliche Botschaft ist, die ich den Menschen hinterlassen möchte, die mir lieb sind. Alles, woran ich mich festgeklammert habe, muss ich loslassen. Ich muss meine Gesundheit loslassen. Ich muss die Arbeit und den Beruf loslassen, die Menschen, die mir liebgeworden sind. Die Krankheit isoliert mich, wirft mich auf mich selbst zurück. Das Tor des Todes muss ich einsam durchschreiten, auch wenn mich liebe Menschen auf meinem letzten Weg begleiten. Die Krankheit ist Einübung in das Sterben.

Welche Lebensspur möchtest du eingraben in diese Welt? Was möchtest du mit deinem Leben vermitteln? Was sollen die Menschen nach deinem Tod einmal von dir sagen? Was ist die Ausstrahlung, die von dir ausgehen soll?

In der Krankheit zeigt sich, wie weit mich meine Spiritualität geprägt hat. Ich kenne Menschen, die viel meditiert haben und mir als geistliche Menschen erschienen. Doch in der Krankheit kam die ganze Empfindlichkeit durch. Da kreisten sie egozentrisch um sich selbst. Da waren sie unzufrieden, für ihre Pfleger ungenießbar und schwierig. Ich habe keine Garantie, wie ich als Kranker sein werde. Ich weiß nicht, wie ich reagieren werde, wenn die Schmerzen übergroß werden. Die Krankheit wird meine Seele offenbaren. Und zugleich lädt sie mich ein, alles, worauf ich mir etwas eingebildet habe, loszulassen. Ich muss die Illusion loslassen, dass ich in allen Situationen selbstbeherrscht und gelassen bin, dass ich auch in der Krankheit im Einklang mit mir selbst bin. Ich kann mich nur in meiner Ohnmacht in Gott hinein ergeben und Gott bitten, dass er mich in der Krankheit und durch die Krankheit führt.

Dass die Krankheit »mich für Gott öffnen« kann, hat der katholische Dichter Reinhold Schneider erfahren, der immer wieder an Krankheiten und zuletzt auch an Depressionen gelitten hat. Er hat seine Krankheit angenommen. Sie wurde zur Quelle seiner Dichtung. Und sie prägte auch sein Gottesbild. Es ist das Gottesbild des leidenden Christus. Schneiders Krankheit führte ihn in seinem 1954 erschienen Lebensbericht »Verhüllter Tag« zu der folgenden Erkenntnis: »Es ist das Paradox der Botschaft, dass wir in einem gewissen Sinn krank sein müssen, weil Er sonst nicht zu uns kommt.« Reinhold Schneider bezieht sich in seiner Sicht der Krankheit auf den französischen Philosophen und Gottsucher Blaise Pascal. Pascal, der voller Leidenschaft und Ehrgeiz war, hat die Krankheit als die Kraft erfahren, die ihn »aus den Fesseln der Welt befreit und zu Gott hinträgt«.

In ähnlicher Weise hat Hildegard von Bingen die Krankheit gedeutet. Obwohl Hildegard viel über gesunde Ernährung und gesunde Lebensweise geschrieben hat, war sie immer wieder krank. Sie hat ihre Krankheit immer als Neugeburt erlebt, als Beginn einer neuen Phase ihres geistlichen Lebens.

In diesem Sinn hat auch der französische Schriftsteller Andre Gide die Krankheit gedeutet. Er versteht sie als Schlüssel, der die Tür aufschließt zum Geheimnis des Menschseins. Er schreibt aus eigener Erfahrung: »Ich glaube, dass Krankheiten Schlüssel sind, die uns gewisse Tore öffnen können. Ich glaube, es gibt gewisse Tore, die einzig die Krankheit öffnen kann. Es gibt jedenfalls einen Gesundheitszustand, der uns nicht erlaubt, alles zu verstehen. Vielleicht verschließt uns die Krankheit einige Wahrheiten, ebenso aber verschließt uns die Gesundheit andere.«

Wenn ich die Krankheit als Schlüssel sehe, schließt sie mir die Tür auf für den inneren Raum der Stille, in dem ich meinem wahren Selbst begegne, das von Krankheit nicht infiziert ist. Dort finde ich das ursprüngliche Bild Gottes in mir, dort bin ich heil und ganz. Dort bin ich bei mir und bei Gott daheim. Mitten in der Krankheit erlebe ich diesen inneren Raum als Zufluchtsort, an dem ich mich geborgen fühle.

Ein Aspekt der Krankheit sind die Schmerzen, die wir empfinden. Und ein Phänomen, das heute vermehrt auftritt, ist das Phänomen der chronischen Schmerzen. Viele Menschen leiden darunter. Sie gehen oft von einem Arzt zum anderen und finden doch keine Hilfe. So möchte ich einige Gedanken über das Wesen des Schmerzes schreiben. Schmerzen sind ein Schicksal des Menschen. In der Bibel sagt Gott zu Eva nach der Vertreibung aus dem Paradies: »Unter Schmerzen gebierst du Kinder.« (Genesis 3,16) Schmerzen verbindet die Bibel also mit dem Zustand außerhalb des Paradieses. Die Verheißung des Paradieses ist, ohne Schmerzen zu sein. Doch solange wir leben, werden wir immer Schmerzen erfahren, körperliche wie seelische Schmerzen. Die Bibel kennt auch den chronischen Schmerz. So klagt Hiob: »Des Nachts durchbohrt es mir die Knochen, mein nagender Schmerz kommt nicht zur Ruh.« (Hiob 30,17) Und schon das Weisheitsbuch der Bibel, Jesus Sirach, weiß um die heilende Wirkung der Medikamente: »Durch Mittel beruhigt der Arzt den Schmerz.« (Sirach 38,7). Jesus Sirach verbindet ja griechische und jüdische Weisheit miteinander. Für die griechischen und römischen Ärzte galt als Grundsatz: »Divinum est sedare dolorem – Es ist eine göttliche Aufgabe, den Schmerz zu lindern.« Genauso könnte man übersetzen: »Es ist die Aufgabe, die dem Arzt von Gott her zukommt, Schmerzen zu lindern.« Denn die Schmerzen können den Menschen überfordern.

Etwa fünf Millionen Menschen – so weiß es die Statistik – leiden in Deutschland unter chronischen Schmerzen. Die Frage ist, wie wir von der Ethik und von der Spiritualität her mit dem Schmerz umgehen. Das eine ist die Aufgabe der Ärzte, die Schmerzen möglichst zu lindern. Die heutige Schmerztherapie hat hier große Fortschritte gemacht. Vor allem die Palliativmedizin hat erreicht, dass wir keine Angst mehr vor den Schmerzen haben müssen, die das Sterben mit sich bringt. Aber die Schmerztherapie kommt auch an ihre Grenzen. Sie weiß, dass Schmerzen oft psychosomatischer Natur sind. Allerdings können Ärzte ihre Patienten – wie oben bereits angesprochen – tief verletzen, wenn sie ihre Schmerzen als psychische Schmerzen abtun und ihnen vermitteln, dass es keine reale, sondern nur eingebildete Schmerzen sind. Obwohl wir heute wissen, dass viele Schmerzen einen psychischen Hintergrund haben, sollten wir doch vorsichtig sein mit der Deutung der Schmerzen. Auch wenn die Schmerzen keine körperliche Ursache haben, sind sie keine eingebildeten Schmerzen. Der Patient erlebt die Schmerzen als real. Und daher ist es wichtig, sich der Schmerzen auf angemessene Weise anzunehmen und die bestmögliche Linderung anzustreben.

Alles, was der Mensch erlebt, hat einen Sinn. So auch der Schmerz. Der ursprüngliche Sinn des Schmerzes ist, den Menschen auf Krankheiten hinzuweisen, ihn vor Gefahren zu warnen und ihn zu ermahnen, sein Leben zu ändern. Wenn eine bestimmte Körperhaltung Schmerzen bereitet, lädt mich der Schmerz ein, eine andere Haltung einzunehmen. Der Schmerz hat also einen Sinn. Er will mir auf der einen Seite helfen, den Schaden zu erkennen, den der Schmerz anzeigt.

Zum anderen will der Schmerz mich ermutigen, den Schaden abzuwehren. In diesem Sinn kann man den Schmerz durchaus als Gottesgeschenk verstehen. Wir spüren, wie unser Leben reduziert wird, wenn wir keinen Schmerz mehr empfinden, zum Beispiel nach einem Schlaganfall. Dann haben wir das Gespür verloren für das, was unsere Gesundheit gefährden könnte. Ohne Schmerz wird das Leben langweilig.

Aber es gibt eben auch Schmerzen, die mich bedrücken. Sie gehen nicht weg, auch wenn ich ihre Botschaft gehört habe. Und es gibt die chronischen Schmerzen. Im Umgang mit den chronischen Schmerzen kommt auch die Medizin an ihre Grenzen. Da werden heute psychologische Methoden angewandt, sich mit dem Schmerz anzufreunden, sich mit ihm auszusöhnen, um sich auf diese Weise von ihm distanzieren zu können. Eine psychologische Methode, mit dem Schmerz umzugehen, ist aus der Methode der Disidentifikation entwickelt worden, die der italienische Psychiater Roberto Assagioli beschrieben hat: Ich beobachte meinen Schmerz. Ich unterscheide zwischen dem Selbst, meinem Personkern, und dem Schmerz. Das Selbst beobachtet den Schmerz, aber es identifiziert sich nicht damit. Ich habe Schmerzen, aber ich bin nicht der Schmerz. Diese Methode schafft Distanz zwischen dem Schmerz und mir selbst.

Die Botschaft der Schmerztherapie lautet heute: Nicht gegen den Schmerz leben, den Schmerz nicht bekämpfen, sondern mit dem Schmerz leben. Schmerzpatienten haben oft einen ganzen Aktenordner mit Methoden, die sie schon im Kampf gegen den Schmerz angewandt haben. Sie gehen von einem Arzt zum anderen und werden immer wieder enttäuscht. Sie müssen lernen, die Botschaft des Schmerzes zu verstehen. Warum habe ich in meiner jetzigen Situation chronische Schmerzen? Was wollen die Schmerzen mir sagen? Und wie will ich damit umgehen? Was sind die Wurzeln meines Schmerzes? Was ist der organische Ursprung, was der psychische und welchen Einfluss haben die sozialen Verhältnisse? Der Schmerzpatient kann erst dann angemessen mit seinen chronischen Schmerzen umgehen, wenn er ihren Sinn erkannt hat.

2. Biblische Deutungen der Krankheit

Neben der psychologischen Deutung der Schmerzen und der Krankheit gibt es auch eine spirituelle Deutung. Die Bibel zeigt uns verschiedene Deutungsmodelle für die Krankheit. Da ist einmal der Apostel Paulus. Im 2. Korintherbrief schreibt er über seinen persönlichen Umgang mit der Krankheit: »Diesen Schatz tragen wir in zerbrechlichen Gefäßen; so wird deutlich, dass das Übermaß der Kraft von Gott und nicht von uns kommt« (2 Korinter 4,7). Die Krankheit erinnert uns daran, dass wir das Kostbare in uns – unsere einmalige Person, unser wahres Selbst, den Schatz im Acker, Gott in uns – in zerbrechlichen Gefäßen tragen. Unser Leib ist zerbrechlich. Aber trotz unserer Hinfälligkeit und Zerbrechlichkeit tragen wir in uns den göttlichen Keim, den Christus in uns eingepflanzt hat. Und dieser göttliche Keim ist unzerstörbar. Er wird auch den Tod überdauern. Die zweite Deutung gibt Paulus in dem Satz an: »Wohin wir auch kommen, immer tragen wir das Todesleiden Jesu an unserem Leib, damit auch das Leben Jesu an unserem Leib sichtbar wird« (2 Korinther 4,10). Paulus erfährt in seiner Krankheit die Gemeinschaft mit Jesus. Er versteht das Geheimnis von Jesu Tod und Auferstehung. Er hat in seiner Krankheit teil an Jesu Leiden. Aber er hat auch teil an seiner Auferstehung. So wird mitten in seiner Krankheit auch etwas in ihm sichtbar, was dem Tod nicht unterworfen ist: das göttliche Leben, das in der Auferstehung über den Tod gesiegt hat. Die dritte Deutung, die Paulus gibt, wird sichtbar in dem Satz: »Wenn auch unser äußerer Mensch aufgerieben wird, der innere wird Tag für Tag erneuert« (2 Korinther 4,16). Die Krankheit reibt den äußeren Menschen auf. Doch im Innern erkennen wir etwas, das der Krankheit trotzt. Etwas, das gerade durch die Krankheit in seinem inneren Glanz sichtbar wird. Die Krankheit verweist Paulus immer auf die Auferstehung Jesu, die auch an ihm sichtbar wird.

Eine andere Deutung gibt Paulus im 12. Kapitel des 2. Korintherbriefes. Da schreibt er vom Stachel des Fleisches. Und er spricht vom Boten Satans, der ihn mit Fäusten schlägt, damit er sich nicht überhebt (2 Korinther 12,7). Die Exegeten haben darüber gerätselt, was mit dem Stachel des Fleisches gemeint ist. Viele denken an eine Krankheit. Manche an Epilepsie, andere an starke Migräne oder an Trigeminusneuralgie. Auf jeden Fall ist es eine Schwäche des Leibes, an der Paulus leidet. Die Korinther werfen ihm ja vor, dass er in seinen Briefen mit Kraft auftrete, während sein persönliches Auftreten eher schwach sei. Da hat ihn offensichtlich seine Krankheit behindert. Paulus hatte gedacht, Gott würde ihn von seiner Krankheit befreien, damit er besser für sein Reich arbeiten kann. Aber Gott antwortet ihm: »Meine Gnade genügt dir; denn sie erweist ihre Kraft in der Schwachheit« (2 Korinther 12,9). Die Krankheit ist für Paulus ein Zeichen, dass aller Segen durch Gott kommt und nicht von seinen eigenen Fähigkeiten ausgeht. Man könnte sagen: Die Krankheit macht demütig. Sie kann uns öffnen, damit wir für Gott durchlässig werden und uns nicht der eigenen Kraft rühmen.

Ein anderes Deutungsmodell begegnet mir im Lukasevangelium. Im Gespräch mit den Emmausjüngern sagt Jesus: »Musste nicht der Messias all das erleiden, um so in seine Herrlichkeit zu gelangen?« (Lukas 24,26) Ich würde das so auslegen: Manchmal widerfährt uns die Krankheit, um uns aufzubrechen und in die »doxa«, wie es im Griechischen heißt, zu führen – in die Herrlichkeit, die wahre Gestalt, das ursprüngliche Bild, wie Gott es uns zugedacht hat. Die Krankheit zerbricht meine Vorstellungen von mir, vom Leben, von Gott. Wenn ich mir meine Vorstellungen zerbrechen lasse, dann werde ich aufgebrochen für mein wahres Selbst, für neue Möglichkeiten des Lebens, ich werde aufgebrochen für die Mitmenschen und für den ganz anderen, unbegreiflichen Gott. Wenn ich aber in meiner Krankheit festhalte an den alten Vorstellungen, die ich für mein Leben habe, dann werde ich daran zerbrechen. Ein Beispiel soll das verdeutlichen: Eine Frau hat gesund gelebt, sich gesund ernährt und Sport getrieben. Da bekam sie vom Arzt die Diagnose einer Autoimmunkrankheit. Sofort hat sie sich gefragt: Was habe ich verkehrt gemacht? Habe ich mich selbst abgelehnt, gegen mich selbst gekämpft? Ich sagte ihr: »Lassen Sie alle Deutungen los. Wir wissen nicht, warum Sie diese Krankheit haben. Sie ist Ihnen widerfahren.«

Die Krankheit zerbricht meine Illusion, dass ich meine Gesundheit garantieren könnte. Es ist gut, sich gesund zu ernähren. Aber ich habe keine Garantie auf Gesundheit.

Die Krankheit kann mir von außen widerfahren. Die Krankheit zerbricht mein Selbstbild. Ich bin nicht nur der starke Mensch, der alles kann, was er sich zutraut. Ich bin begrenzt. Wer bin ich eigentlich? Was ist meine wahre Identität? Und die Vorstellungen vom Leben werden zerbrochen.

Die Frau war Bergsteigerin. Davon musste sie sich verabschieden. Aber sie hat gelernt, nicht nur dem Bergsteigen nachzutrauern, sondern neue Möglichkeiten für ihr Leben zu suchen. Ein Spaziergang im Wald kann auch wunderbar sein, wenn ich ganz im Gehen und ganz in meinen Sinnen bin, wenn ich das Rauschen des Waldes wahrnehme, mich vom Wind streicheln lasse und den Geruch des Waldes rieche. Und ihr Gottesbild wurde zerbrochen. Gott ist nicht nur der, der ihre Wünsche erfüllt. Er ist auch der Unbegreifliche. Sie hat sich nicht von Gott abgewandt, sondern nur ihr altes Bild von Gott zerbrechen lassen. Und sie hat sich dem Gott geöffnet, den wir nicht verstehen, der jenseits aller Bilder ist, die wir uns von ihm machen. Weil die Frau ihre Vorstellungen durch die Autoimmunkrankheit zerbrechen ließ, ist sie an der Krankheit nicht zerbrochen. Sie hat vielmehr einen spirituellen Aufbruch erlebt.

Das ist für mich ein wichtiger Grundsatz christlicher Deutung von Krankheit: Wenn ich meine Vorstellungen von mir, vom Leben und von Gott zerbrechen lasse, werde ich aufgebrochen für mein wahres Selbst, für neue Möglichkeiten des Lebens und für den unbegreiflichen Gott. Wenn ich an meinen Vorstellungen festhalte, werde ich gegen mich und das Leben und gegen Gott rebellieren und alle anklagen, dass sie an meiner Krankheit schuld sind. Ich werde den Arzt beschuldigen, der mich falsch behandelt oder mir falsche Ratschläge gegeben hat. Ich suche überall nach Schuldigen. Aber dann werde ich bitter. Ich werde dann an meiner Krankheit zerbrechen. Wenn ich jedoch meine Vorstellungen zerbrechen lasse, werde ich auch aufgebrochen für die Mitmenschen. Ich werde ihnen anders begegnen, milder und vorsichtiger im Urteil über sie. Ich wage den Aufbruch in eine neue Lebendigkeit, in eine tiefere Spiritualität, in eine neue Beziehung zu mir und zu den Menschen.

Die christliche Deutung der Krankheit drücken wir in jeder Eucharistiefeier im Ritual des Brotbrechens aus. Wir brechen den Leib Jesu Christi, der für uns am Kreuz zerbrochen wurde, damit wir nicht selbst zerbrechen an dem, was uns »durchkreuzt«, was uns von außen widerfährt, sondern aufgebrochen werden für unser wahres Ich, aufgebrochen werden für unsere Brüder und Schwestern und aufgebrochen werden für Gott. Wir brechen den Leib Christi, damit Christus all die Panzer zerbricht, die wir um unser Herz aufgebaut haben, um uns vor dem Leid der Menschen zu verschließen. Und wir tauchen ein Stück des gebrochenen Brotes in den Kelch als Bild für die Auferstehung, als Bild dafür, dass Gott unsere Sterblichkeit und Hinfälligkeit mit seiner Unsterblichkeit vermischt, dass er das Brüchige und Zerbrochene in uns eintaucht in seine göttliche Liebe, um es in seiner Liebe ganz zu machen und zu heilen.

Die Krankheit stellt mein Gottesbild in Frage. Sie fragt mich: Wer ist Gott für mich? Welche Bilder von Gott hatte ich als Gesunder? Welche Gottesbilder tauchen jetzt in meiner Krankheit auf? War mein Gottesbild zu sehr von Projektionen bestimmt? Wer ist dieser Gott wirklich? Wie kann ich ihn verstehen, wenn er mir diese Krankheit zumutet? Kann ich auch in meiner Krankheit noch an die Liebe Gottes glauben? Bin ich bereit, mich diesem Gott anzuvertrauen? Glaube ich, dass mich seine gute Hand auch in der Krankheit hält, dass ich auch in allen Schmerzen von seiner liebenden und heilenden Nähe umgeben bin?

Welche Bilder von dir selbst und von deinem Leben und welche Bilder von Gott zerbricht dir deine Krankheit? Für welche neuen Möglichkeiten bricht dich die Krankheit auf? Wirst du neu für Gott, die unbegreifliche Liebe, aufgebrochen? Oder verschließt dich die Krankheit vor Gott?

II.
Der Umgang mit der Krankheit

1. Biblische Impulse für den Umgang mit der Krankheit

Psalmen

Die Bibel zeigt uns in den Psalmen, wie ein frommer Beter mit seiner Krankheit umgeht: Er schildert Gott die Krankheit mit allen Schmerzen, wirft sie Gott vor. Er beklagt sich bei Gott, dass er ihn in diese Krankheit geführt hat. Aber am Ende dieses Ringens mit Gott steht immer das Vertrauen. Ich möchte nur den Psalm 38 als Beispiel bringen, der oft mit »Die Klage eines Kranken« überschrieben wird: »Herr strafe mich nicht in deinem Zorn, und züchtige mich nicht in deinem Grimm! Denn deine Pfeile haben mich getroffen, deine Hand lastet schwer auf mir. Nichts blieb gesund an meinem Leib, weil du mir grollst« (Psalm 38,2–4). Der Beter wirft Gott vor, dass die Krankheit von ihm kommt, dass sie dem Grimm Gottes entspringt. Er sieht zwar ein, dass dieser Grimm auch in seiner Schuld begründet ist. Aber er fleht Gott an, dass er aufhören soll, ihn zu strafen. Dann schildert der Kranke in düsteren Farben seine Krankheit: »Mir schwären, mir eitern die Wunden wegen meiner Torheit. Ich bin gekrümmt und tief gebeugt, den ganzen Tag geh ich traurig einher. Denn meine Lenden sind voller Brand, nichts blieb gesund an meinem Leib. Kraftlos bin ich und ganz zerschlagen, ich schreie in der Qual meines Herzens« (Psalm 38,6–9). Doch nach der Schilderung seiner Krankheit drückt der Kranke dennoch sein Vertrauen auf Gott aus. Er beklagt sich bei Gott, aber er lässt nicht los von Gott. Er ringt sich durch bis zum Vertrauen: »Doch auf dich, Herr, harre ich; du wirst mich erhören, Herr, mein Gott« (Psalm 38,16). Und weil er trotz seiner Not darauf vertraut, dass Gott ihn erhören wird, bittet er am Schluss seines Gebetes: »Herr, verlass mich nicht, bleib mir nicht fern, mein Gott! Eile mir zu Hilfe, Herr, du mein Heil!« (Psalm 38,21).

Manchmal haben Kranke keine Worte, um ihre Krankheit zum Ausdruck zu bringen. Dann könnte es helfen, mit den Worten von Psalm 38 zu Gott zu beten, zu schreien, zu klagen und wiederum zu vertrauen.

Die Heilung des Aussätzigen (Markus 1,40–45)

Einen anderen Weg, wie wir mit Krankheit umgehen sollen, möchte ich aus zwei Heilungsgeschichten herauslesen. Dabei geht es mir weniger um die Heilung durch Jesus. Wir sollen durchaus vertrauen, dass Jesus auch unsere Krankheiten heilt. Und wir sollen wie die Kranken in der Bibel mit unserer Krankheit Jesus begegnen. Aber ich möchte in beiden Geschichten mehr auf das schauen, was der Kranke in der Begegnung mit Jesus tut und wie er mit seiner Krankheit umgehen sollte.

Die erste Heilungsgeschichte ist die Heilung eines Aussätzigen (Markus 1,40–45). Heute leiden in Europa kaum noch Menschen an Lepra. Aber es gibt Menschen, die an Neurodermitis leiden. Und viele von ihnen finden sich in dem Aussätzigen wieder. Sie fühlen sich auch ausgeschlossen von der Gemeinschaft. Oft trauen sie sich nicht, jemandem die Hand zu geben, aus Angst, der andere könnte die gerötete Haut sehen. Der Aussätzige kann aber auch ein Bild sein für einen Menschen, der sich nicht annehmen kann. Gerade wenn wir krank sind – ganz gleich, welche Krankheit wir haben –, fällt es uns schwer, uns mit unserer Krankheit anzunehmen. Und weil es uns schwerfällt, haben wir den Eindruck, auch die anderen würden uns ablehnen. Der Aussätzige kommt in seiner Not zu Jesus. Er bekennt seine Hilflosigkeit, indem er vor ihm auf die Knie fällt. Er bittet Jesus: »Wenn du willst, kannst du machen, dass ich rein werde.« In dieser Bitte könnte auch der Wunsch stecken, Jesus selbst solle alles machen. Der Kranke kann ja nichts mehr tun. Er ist ja hilflos und ohnmächtig. Doch Jesus fordert den Kranken auch heraus, das Seine dazu beizutragen, dass er wieder gesund wird.

Der erste Schritt der Heilung besteht darin, dass Jesus Mitleid hat mit dem Aussätzigen. Er fühlt sich in den anderen ein. Er zeigt Mitgefühl. Dieses Mitgefühl erwartet Jesus aber auch vom Kranken. Er soll mit sich selbst fühlen: Wie geht es mir als dem, der diese Krankheit hat? Was macht das mit mir?

Der zweite Schritt: Jesus streckt seine Hand aus. Er nimmt Beziehung auf zum Kranken. Das ist auch ein wichtiger Schritt für den Kranken: Ich nehme Beziehung zu meiner Krankheit auf. Ich betrachte sie nicht als etwas, was mich nichts angeht. Ich beginne einen Dialog mit ihr: Was willst du mir sagen?

Der dritte Schritt: Jesus berührt den Aussätzigen. Es ist unangenehm, einen Aussätzigen zu berühren. Ähnlich unangenehm ist es für den, der an Neurodermitis erkrankt ist, sich selbst zu berühren. Meistens kratzt sich so ein Kranker, weil die Haut juckt. Und er geht aggressiv mit sich um. Liebevoll die erkrankten Hautstellen – oder auch andere kranke Bereiche – zu berühren, das ist schon ein kleiner Schritt zur Heilung.

Der vierte Schritt: Jesus sagt zum Aussätzigen: »Ich will es – werde rein!« Jesus nimmt den Kranken ganz und gar an. Aber in diesem Wort Jesu steckt zugleich die Aufforderung: Jetzt ist es aber auch deine Aufgabe, dich selbst anzunehmen. Dann wirst du rein. Oft fühlen wir uns unrein durch die Krankheit. Sie stört unser Selbstbild. Wenn wir sie annehmen, dann gehört sie zu uns. Dann sind wir mit der Krankheit rein, im Einklang mit uns selbst. Und das kann die Krankheit entweder heilen oder aber mindern und unsere Einstellung zur Krankheit verwandeln.

Die Heilung am Teich von Betesda (Johannes 5,1–9)

Die zweite Geschichte, die ich in den Blick nehmen möchte, ist die Heilung am Teich von Betesda (Johannes 5,1–9). Dort gibt es vier verschiedene Arten von Kranken: Die Blinden stehen für die Menschen, die ihre Augen vor der eigenen Wahrheit verschließen. Die Gelähmten sind blockiert durch Angst oder Hemmungen. Die Verkrüppelten können sich in ihrem Leib nicht annehmen. Sie sind nicht so stark und gesund, wie sie gerne sein möchten. Der vierte Kranke ist schon seit 38 Jahren krank. Die Zahl 38 erinnert an die Israeliten, die in der Wüste gegen Gott rebelliert haben und deshalb noch 38 Jahre durch die Wüste irren mussten, bis alle waffenfähigen Männer gestorben waren. Es handelt sich also hier um einen Menschen, der keine Waffen mehr hat, der sich nicht mehr abgrenzen kann. Welche Krankheit dieser Mann hat, ist nicht gesagt. Aber er liegt auf einer Bahre. So können wir uns in ihm wiederfinden, ganz gleich, welche Krankheit wir haben.

Die Heilung geschieht auch in dieser Geschichte wieder in vier Schritten. Der erste Schritt: Jesus sieht ihn an, er schenkt ihm Ansehen. Wir sollten uns selbst und unsere Krankheit ansehen und nicht einfach wegschauen.

Der zweite Schritt: Jesus versteht den Kranken. Er erkennt, dass er schon lange krank ist. Es ist unsere Aufgabe, uns selbst in unserer Krankheit zu verstehen, nicht zu bewerten, sondern einfach zu verstehen. Dann können wir auch zu uns und unserer Krankheit stehen.

Der dritte Schritt: Jesus fragt ihn: »Willst du gesund werden?« Wir müssen auch den festen Willen haben, wieder gesund zu werden. Wir sollen um unsere Gesundheit kämpfen. Die Gefahr ist, dass wir uns in der Krankheit gehen lassen und resigniert sagen: Man kann doch nichts mehr machen. Auf die Frage nach dem Willen antwortet der Kranke ausweichend: »Ich habe ja keinen Menschen, der mir zuhört, der mich versteht, der für mich sorgt. Ich bin allein. Ich bin zu kurz gekommen. Alle anderen haben es besser. Warum ausgerechnet ich?« Auf diese Klage antwortet Jesus sehr herausfordernd: »Steh auf, nimmt dein Bett und geh!« Wir würden alle gerne aufstehen, wenn wir wüssten: Ab jetzt bin ich ganz gesund. Aber Jesus mutet dem Kranken zu, mitten in seiner Krankheit aufzustehen. Und er soll sein Bett unter den Arm nehmen und gehen. Er soll sich von seiner Krankheit nicht ans Bett fesseln lassen, sondern sie wie das Bett unter den Arm nehmen und mit sich herumtragen. Er kann auch mit seiner Krankheit Schritte ins Leben tun. Er soll sich selbst nicht aufgeben, sondern seine Krankheit akzeptieren. Doch dabei soll er auch die Möglichkeiten des Lebens ausloten, die ihm zur Verfügung stehen. Ich überspringe dann meine Krankheit nicht, wie es manche tun, sondern ich nehme sie an und gehe trotzdem den Weg ins Leben.

2. Spirituell mit der Krankheit umgehen

Spirituell mit der Krankheit umgehen heißt für mich, dass ich meine Krankheit als spirituelle Herausforderung annehme. Ich frage mich, was Gott mir durch die Krankheit sagen möchte. Und ich nehme die Krankheit an als Einladung, mich ganz und gar für Gott zu öffnen und mich in Gott hinein zu ergeben. Ich kann die Krankheit nur dann spirituell meistern, wenn ich Gott in meinem Leben an die erste Stelle treten lasse, wenn ich mich in meiner Ohnmacht Gott hinhalte und mich von Gottes Geist durchdringen lasse.

Die Krankheit erzeugt in uns oft negative Emotionen. Wir bekommen Zweifel an Gott. In uns taucht die Angst auf, dass die Krankheit immer schlimmer wird und vielleicht sogar zum Tod führen kann. Wir klagen Gott an, wir rebellieren gegen die Krankheit. Und oft werden wir aggressiv in unserer Krankheit. Manchmal verlieren wir auch jedes Selbstvertrauen und fühlen uns wertlos, weil wir nichts mehr leisten können. Spirituell mit der Krankheit umzugehen heißt, all diese negativen Emotionen anzuschauen und mit ihnen ins Gespräch zu kommen. Was wollen mir die Gefühle sagen? Indem ich mit meinem Zweifel spreche, kann ich mich fragen: Was trägt mich jetzt wirklich in meiner Krankheit? »Der Herr ist mein Hirte. Nichts wird mir fehlen« – kann ich an dieses Wort aus Psalm 23 wirklich glauben? Wenn dieses Wort stimmt, wie sehe ich dann meine Krankheit? Ich spreche mit meiner Angst. Ja, die Angst ist berechtigt. Ich habe keine Garantie, dass ich wieder gesund werde. Aber indem ich mit meiner Angst spreche, führt sie mich in ein neues Vertrauen. Ich übergebe mich mit meiner Angst in Gottes gute Hände. Ich lasse mich von Gottes guten Händen tragen. Das löst meine Angst nicht auf. Aber ich spüre mitten in meiner Angst Ruhe und Gehaltensein.

Die Angst verweist mich auf Gott. Meine Aggressivität, die die Krankheit in mir auslöst, soll ich in einen gesunden Kampfgeist verwandeln. Ich darf gegen meine Krankheit kämpfen. Ich kann mit Gottes Hilfe darum ringen, dass ich wieder gesund werde. Ich werde alle meine inneren Kräfte mobilisieren, um gegen die Krankheit bestehen zu können.

Krankheit und Gebet

Die eigentlich spirituelle Weise, mit der Krankheit umzugehen, ist das Gebet. Ich möchte fünf verschiedene Weisen des Betens darstellen, die uns helfen, auf unsere Krankheit gut zu reagieren und sie vor Gott zu tragen.

Die erste Weise des Gebetes ist meine persönliche Bitte um Heilung. Ich flehe Gott an, mich zu heilen. In diesem Gebet gestehe ich in aller Demut meine Bedürftigkeit ein. Ich möchte gesund werden. Ich möchte noch lange leben. Ich möchte noch lange als Mutter oder Vater meine Kinder begleiten. Manche meinen, es genüge doch, einfach auf Gottes Barmherzigkeit zu vertrauen. Dann bräuchten wir ihn nicht zu bitten oder anzuflehen. Gott braucht unsere Bitte nicht, um uns zu heilen. Aber wir brauchen das Bitten. Im Bitten fühlen wir uns nicht allein gelassen mit unserer Krankheit. Wir dürfen uns an Gott wenden. Und im Bitten kommt mein Wille zum Ausdruck: Ich will kämpfen um meine Gesundheit. Das Bitten ist eine Art Ringen mit Gott um meine Gesundung. Letztlich geht es bei diesem Ringen darum, sich in Gottes Willen zu ergeben. So steht am Ende jedes Flehens die Bitte: »Dein Wille geschehe!« Jesus hat Gott auch angefleht, er solle den Kelch des Kreuzestodes an ihm vorübergehen lassen. Er hat am Ölberg mit Gott gerungen. Aber dann hat er sich ergeben, nicht resigniert. Er hat vielmehr erkannt: Ganz gleich, was geschieht, Gott wird mein Schicksal segnen. Es wird zum Segen für andere werden.

Wenn ich um meine Gesundung bete, dann heißt das nicht, dass ich sonst nichts für meine Gesundheit tue. Ich gehe zum Arzt. Ich mache die Therapie, die sinnvoll ist. Aber ob die Operation, ob die Therapie, ob die Medikamente heilen, ist letztlich immer ein Wunder. Das Gebet gibt mir Vertrauen, dass das Tun der Ärzte und mein eigenes Tun gesegnet sind und Heilung bringen.

Heutzutage besteht die Gefahr, dass wir, sobald wir krank werden, ins Internet schauen. Dort werden wir mit so vielen Heilungsmöglichkeiten konfrontiert, dass wir gar nicht wissen, was wir tun sollen. Und manche Menschen verfallen dann in Hektik. Sie versuchen eine Therapiemethode nach der anderen. Das Gebet gibt mir da Gelassenheit und Vertrauen, dass ich eine oder zwei Methoden auswähle und denen dann vertraue.

Die zweite Weise des Gebetes ist die Fürbitte. Ich bitte andere Menschen, dass sie für meine Gesundung beten mögen. Und wenn andere krank sind, verspreche ich ihnen, für sie zu beten. Mir erzählte eine Frau, die sich in ihrer Krankheit allein gefühlt hat, wie sehr sie sich danach gesehnt hat, dass andere sie tragen. Eine andere Frau konnte dagegen dankbar davon berichten, dass sie sich in ihrer Krankheit von vielen Freunden und Freundinnen getragen wusste. Sie alle hatten ihr versprochen, für sie zu beten. Die Fürbitte gibt also dem Kranken Halt und Geborgenheit. Das allein kann seinen Gesundungsprozess schon unterstützen.

Die Fürbitte verwandelt zuerst mich als Beter. Ich bekomme mehr Hoffnung für den Kranken. Und manchmal fällt mir dann auf die Fürbitte hin auch ein, was ich dem anderen sagen oder schreiben könnte. Wenn ich dem anderen mit mehr Hoffnung und Vertrauen begegne, dann tut es ihm gut. Doch das ist eine rein psychologische Erklärung für die Wirkung der Fürbitte.

Es gibt auch andere wissenschaftliche Erklärungsversuche, etwa von der Morphologie her, dass das Beten das morphogenetische Feld verwandelt, in dem der Kranke lebt, und von daher eine heilende Wirkung haben könnte. Von der Quantenphysik wissen wir, dass unser Bewusstsein auch die Materie verändern kann. Und es gibt medizinische Untersuchungen, die zeigen, dass Menschen, die beten und für die gebetet wird, eher gesund werden. Aber all das sind keine wissenschaftlichen Beweise für die Wirkkraft der Fürbitte. Es zeigt nur, dass wir nicht gegen unsere Vernunft an die Wirkung der Fürbitte glauben.

Letztlich vertrauen wir darauf, dass Gott selbst heilend auf den Kranken einwirkt. Doch wie diese heilende Wirkung aussieht, das entzieht sich unserer Kenntnis. Wir beten für den anderen, weil wir Gott zutrauen, dass er die Krankheit des anderen zu heilen vermag. Aber wir müssen uns zugleich vor der Selbstüberschätzung hüten, dass wir mit dem Gebet die Gesundung garantieren könnten. Wir dürfen dankbar sein, dass Menschen durch das Gebet anderer gesund geworden sind. Aber wir können auch mit noch so vielen Gebeten die Heilung nicht herbeizwingen. In manchen Kreisen glaubt man das. Und wenn es nicht gelingt, dann sucht man einen Schuldigen. Entweder glaubt der Kranke nicht genügend an seine Heilung und an die Kraft der Fürbitte. Oder aber diejenigen, die für den Kranken gebetet haben, glauben nicht genügend. Dann entsteht sofort eine Wertung, die auf der Annahme beruht, man könne die Heilung durch genügend Glauben auf jeden Fall bewirken. Doch auch bei der Fürbitte steht am Ende immer die Bitte: »Dein Wille geschehe.« Wir dürfen in der Fürbitte unsere Solidarität mit dem Kranken zeigen und unserer Liebe im Beten Ausdruck geben. Aber wir müssen es immer Gott überlassen, was in diesem konkreten Fall sein Wille ist.

Die dritte Weise des Gebetes ist die Krankheit selbst, die zum Gebet wird. Viele Kranke erzählen mir, dass sie gar nicht mehr beten können. Sie können sich nicht mehr konzentrieren. Die Schmerzen sind zu groß. Oder ihr Kopf ist einfach leer geworden. Dann besteht die Aufgabe darin, dass die Krankheit selbst zum Gebet wird. Indem ich meine Krankheit annehme und mich als Kranker, der zu keinem vernünftigen Gedanken mehr fähig ist, Gott hinhalte, bete ich mit meiner ganzen Existenz. Ich bete nicht mehr gegen meine Krankheit an, sondern mit meiner Krankheit und in ihr und durch sie. Meine Krankheit wird dann für mich der Weg zu Gott. Sie führt mich immer tiefer in sein unbeschreibliches Geheimnis hinein.

Meine Mutter hat täglich zwei Rosenkränze für ihre Kinder und Enkelkinder gebetet. Doch ein Jahr vor ihrem Tod sagte sie mir: »Jetzt kann ich gar nicht mehr beten. Ich bringe den Rosenkranz nicht mehr zusammen. Aber vielleicht will Gott gar nicht, dass ich viel bete, sondern einfach sage: Ja.« Indem sie zu ihrer Krankheit Ja gesagt hat, wurde ihre Krankheit zum Gebet, zur Bejahung von Gottes Willen.

Die vierte Weise des Gebetes besteht darin, dass ich meine Krankheit Gott hinhalte, damit seine Liebe in meine Wunden einströmt. Hier zeigt sich das Gebet als Begegnung. Manche Christen bitten Gott oder Jesus, dass er ihnen ihre Krankheit wegnehmen möge. Aber sie stellen sich ihrer Krankheit nicht. Sie benutzen Jesus wie einen Zauberer, der ihnen ihre Krankheit schnell wegzaubern möge, ohne dass sie sich selbst verwandeln müssten. Doch in der Bibel geschieht die Heilung immer in der Begegnung mit Jesus. Jesus fordert die Kranken immer auch heraus, sich selbst zu begegnen, ihre Krankheit anzuschauen und sich mit ihrer Krankheit von ihm berühren zu lassen. Es geht also im Gebet darum, mich mit meiner Krankheit Gott hinzuhalten und mir vorzustellen, dass Gottes Liebe in alle meine Wunden strömt und sie mit Wärme und Licht erfüllt. Vielleicht wird die Krankheit dadurch nicht geheilt. Aber auf jeden Fall werde ich meine Krankheit anders erleben, wenn ich sie immer wieder der zärtlichen Liebe

Gottes hinhalte, wenn ich mir vorstelle, dass Christus selbst mich liebevoll mit dem Öl seiner Milde salbt.

In der Krebstherapie arbeiten Psychologen mit Imaginationstechniken. Man stellt sich vor, dass Licht in die Krebszelle strömt und sie zerstört. So können wir uns vorstellen, dass Gottes heilende Kraft, sein Heiliger Geist in die Krebszellen eindringt, die kranken Zellen zerstört und die gesunden Zellen stärkt. Es ist keine Garantie, dass dadurch der Krebs geheilt wird. Aber auf jeden Fall tut es uns gut. Wir halten unseren kranken Leib Gott hin und stellen uns vor, dass seine Liebe in alles eindringt, was wir ihm hinhalten.

Die heilige Thérèse von Lisieux hat ein schönes Bild für diese Form des Gebetes entworfen. Sie meint: Das Wasser fließt immer bis zum tiefsten Punkt. So hält Therese im Gebet ihre eigenen Tiefen Gott hin, ihre Ohnmacht, mit ihrer Krankheit gut umzugehen, ihre Angst, ihre Zweifel, ihre Rebellion gegen Gott. Sie kann alles vor Gott zugeben. Sie muss vor Gott nicht als besonders fromm erscheinen. Aber sie stellt sich vor, wie Gottes Gnade und Liebe wie Wasser zum tiefsten Punkt hinfließen, dorthin, wo sie sich ganz unten fühlt, fern von Gott, von Gott entfremdet. So strömt Gottes Liebe überall hinein. Und es gibt nichts mehr in uns, was von Gottes Liebe getrennt ist. Das ist für mich die eigentliche Form des Betens in der Krankheit. Ich halte mein Krankheit, meine körperlichen und meine psychischen Krankheiten, meine Angst, meine inneren Zwänge, meine Depressionen Gott hin und stelle mir vor, dass seine heilende Liebe in alle Tiefen meiner Seele hineinströmt, auch in die Tiefen des Unbewussten, die mir unbekannt bleiben. Wenn alles in mir von Gottes Liebe durchdrungen ist, gibt es nichts mehr, was mich von Gott trennt. Auch in meiner Krankheit bin ich dann mit Gott verbunden, ja von Gott erfüllt.

Beten heißt, sich Gott hingeben. Und so ist *die fünfte Weise* der Krankheit als Gebet, dass ich meine Krankheit, die mir von außen widerfährt, in einen Akt der Hingabe verwandle. Das hat uns Jesus vorgemacht: Er weiß, dass er gewaltsam sterben wird. Aber den Tod, der ihm von außen widerfährt, verwandelt er in einen Akt der Hingabe und Liebe. Er sagt: »Deshalb liebt mich der Vater, weil ich mein Leben hingebe, um es wieder zu nehmen. Niemand entreißt es mir, sondern ich gebe es aus freiem Willen hin« (Johannes 10,17). Wie Jesus können auch wir die Krankheit, die uns widerfährt, in einen Akt der Hingabe verwandeln. Ein Beispiel: Meine Mutter ist mit 91 Jahren gestorben. Sie hatte die letzten 25 Jahre nur drei Prozent Sehkraft und einige andere Altersbeschwerden. Aber sie war bis zuletzt fröhlich. Als ich sie fragte, wie sie mit ihrer Krankheit fertigwird, sagte sie mir: »Ach, das ist nicht so schlimm. Ich opfere sie auf für meine Kinder und Enkelkinder.«

Meine Mutter hat sich die Krankheit nicht ausgesucht. Sie ist ihr von außen widerfahren. Aber sie hat sie verwandelt in einen Akt der Hingabe, der Liebe. Meine Nichten und Neffen haben das gespürt. Sie haben meine Mutter gerne besucht, weil sie sich von ihr geliebt fühlten. Es gibt andere alte und kranke Menschen, die dem Besucher ständig vorjammern, dass sie so krank sind. Und sie machen dem Besucher einen Vorwurf daraus, dass er gesund ist und deshalb keine Ahnung hat, wie es einem Kranken ergeht. Wenn ich einen Kranken besuche und dann mit Schuldgefühlen weggehe, allein deswegen, weil ich gesund bin, dann werde ich diesen Kranken nicht mehr besuchen. Und der Kranke wird noch mehr jammern, dass keiner mehr kommt. Er merkt gar nicht, dass er durch sein Jammern sich selbst immer mehr isoliert. Weil er seine Krankheit nicht spirituell bewältigt, macht sie ihn bitter und unzufrieden.

Viktor Frankl, der jüdische Therapeut, Begründer der Logotherapie, sagte einmal: »Das Schicksal kann uns alles rauben, die Gesundheit, liebe Menschen, sogar das Leben. Aber eines kann es uns nicht nehmen: die Freiheit, darauf zu reagieren.« Die Krankheit können wir oft nicht verhindern. Aber es liegt in unserer freien Entscheidung, wie wir auf die Krankheit reagieren, ob wir sie in einen Vorwurf verwandeln oder in Hingabe. Natürlich ist es nicht so einfach, die Krankheit in Hingabe zu verwandeln. Aber wenn ich das als Ziel habe, kann es mir helfen, mit meiner Krankheit umzugehen. Ich erlebe kranke Menschen, die das Gefühl der Nutzlosigkeit haben. »Keiner braucht mich. Ich kann nichts mehr leisten. Im Gegenteil, ich falle anderen zur Last.« Da gibt es dem Kranken auch eine Würde, wenn er weiß: Ich kann noch etwas tun zum Segen für die Menschen. Ich kann vielleicht nicht mehr viel nach außen leisten. Aber meine Krankheit ist meine Aufgabe. Wenn ich sie in Hingabe verwandle, dann werde ich zum Segen für andere Menschen, dann geht von mir eine liebende und heilende Ausstrahlung auf die Menschen aus, denen ich begegne und die mich besuchen.

Für wen möchtest du deine Krankheit auf dich nehmen? Kannst du deine Krankheit in einen Akt der Liebe für andere verwandeln? Wenn du es probierst, wie fühlst du dich dann?

Spiritueller Umgang mit dem Schmerz

Zum spirituellen Umgang mit der Krankheit gehört auch ein spiritueller Umgang mit dem Schmerz. Ich möchte einige spirituelle Wege aufzeigen, wie wir mit dem Schmerz umgehen können. Zunächst erinnert mich der Schmerz an meine menschliche Existenz. Zum Menschsein gehören Schmerzen. Sie erinnern mich, dass ich endlich bin, verwundbar. Ich muss mich verabschieden von der Illusion, dass es ein schmerzfreies Leben gäbe. Es gibt auch keine schmerzfreie Liebe. Liebe ist immer beides: das Beglückende, aber auch das, was mir Schmerzen bereitet. Je intensiver wir leben, desto glücklicher, aber auch desto schmerzanfälliger sind wir. Wer die chronischen Schmerzen als Einladung sieht, sich mit seiner Menschlichkeit und Brüchigkeit auszusöhnen, der kann gelassener damit umgehen. Oft entstehen Dauerschmerzen, weil man den Auslöser – verletzende, demütigende und enttäuschende Erlebnisse – nicht wahrhaben möchte, sondern verdrängt. Die verdrängten Schmerzen äußern sich irgendwann als chronische Schmerzen. Daher ist das Aussöhnen mit sich selbst als einem Menschen, zu dem auch Schmerzen gehören, eine wichtige Hilfe gegen die Chronifizierung von Schmerzen.

Ein anderer Weg ist: Der Schmerz scheint den ganzen Körper zu durchdringen. Der spirituelle Weg wäre es, in den Schmerz hineinzugehen, sich hineinzufühlen, aber dann auch durch den Schmerz hindurchzugehen, um unterhalb des Schmerzes den Raum der Stille in mir zu entdecken, den Raum, von dem die Mystiker sagen, dass Gott selbst in mir wohnt. Dort, wo Gott in mir wohnt, oder, wie Jesus sagt, dort, wo das Reich

Gottes inwendig in uns ist (Lukas 17,21), dort hat der Schmerz keinen Zutritt. Dort können die Menschen mich nicht verletzen mit ihren Worten und Sticheleien. Dort ist auch der körperliche Schmerz nicht zu spüren.

Viele haben das Gefühl, wenn sie starke Zahnschmerzen oder Migräne haben, sie wären ganz und gar Schmerz. Der Schmerz würde jede Faser ihres Leibes durchdringen. Da ist es wichtig, durch den Schmerz hindurchzugehen und sich vorzustellen, dass unterhalb des Schmerzes auf dem Grund meiner Seele ein Ort ist, den der Schmerz nicht bewohnt, zu dem er keinen Zutritt hat. Das nimmt den Schmerz nicht weg, aber es relativiert ihn. Und vor allem höre ich auf, gegen den Schmerz zu kämpfen. Ich lasse mich vielmehr vom Schmerz in den inneren Raum der Stille führen, der jenseits der Schmerzen ist. Dort kann ich mich geborgen fühlen, geschützt vor dem Schmerz. Aber viele gelangen nicht in diesen inneren Raum jenseits der Schmerzen. Es braucht da eine Übung in Meditation, um in den Grund der Seele zu gelangen.

Die christliche Tradition bietet noch andere Wege an, mit dem Schmerz umzugehen. Da ist einmal die Passionsmystik. Passionsmystik heißt nicht, dass ich masochistisch um den Schmerz kreise, ja, dass ich gleichsam schmerzsüchtig bin. Vielmehr nehme ich den Schmerz als Einladung, mich tiefer mit Jesus Christus zu solidarisieren, tiefer in das Geheimnis seiner Existenz hineinzuwachsen und im Schmerz die Gemeinschaft mit ihm zu erfahren.

So hat der Apostel Paulus seinen Schmerz verstanden, den er zur Genüge erfahren hat. Für ihn ist die Erfahrung des Schmerzes eine Auszeichnung. Im Schmerz fühlt er sich eins mit Jesus Christus, mit seinem Todesleiden. Aber zugleich erinnert ihn der Schmerz daran, dass er nicht nur an der Passion Jesu teilhat, sondern auch an seiner Auferstehung. Die Schmerzen erinnern Paulus daran, dass er mit Christus verbunden ist und immer tiefer hineinwächst in das Geheimnis seines Todes und seiner Auferstehung. Diese Überzeugung gibt ihm die Kraft, die Schmerzen auf sich zu nehmen, ohne zu jammern und ohne dagegen zu kämpfen. Er sucht sich nicht masochistisch die Schmerzen aus, sondern er nimmt sie an, wenn sie ihn treffen. Sie können ihm nicht schaden, weil er sie als Erinnerung an sein Hineingenommensein in Jesus Christus versteht.

Andere Möglichkeiten, mit den Schmerzen umzugehen, liegen in den – heute zum Teil in Vergessenheit geratenen – Übungen der Volksfrömmigkeit. Da gibt es die Übung des Kreuzweges. Man geht den Kreuzweg mit seinen vierzehn Stationen und erkennt sich in den vierzehn typischen Schmerzstationen selbst wieder. Vierzehn ist die Zahl der Heilung. In Babylon gab es vierzehn heilende Götter. Indem wir die vierzehn Stationen der eigenen Schmerzen nachgehen, vertrauen wir darauf, dass Gott sie heilt, so wie er in der Auferstehung die Schmerzen Jesu geheilt und verwandelt hat.

Unser Abt fragte mal einen alten Mitbruder, wie er mit den Schmerzen, die er sein Leben lang litt, so gut zurechtkam, ohne bitter zu werden und ohne sich seinen Humor nehmen zu lassen. Er antwortete: »Ich habe immer wieder den Kreuzweg gebetet. Das hat mir geholfen.«

Eine andere Weise, mit den Schmerzen umzugehen, ist das Fest der sieben Schmerzen Mariens. Man könnte sagen.

Im Kreuzweg solidarisieren wir uns mit Jesus. Da versuchen wir, wie er mit dem Schmerz umzugehen. Es ist die männliche Weise, auf den Schmerz zu reagieren. Wir nehmen den Schmerz auf uns und setzen unseren Willen dagegen, der gegen den Schmerz kämpft und ihn besiegt. Das Fest der sieben Schmerzen Mariens zeigt uns die weibliche Weise, mit dem Schmerz umzugehen. Maria geht in den Schmerz hinein mit ihrer Liebe. Mit ihrer Liebe verwandelt sie den Schmerz. Der Schmerz um den Sohn wird verwandelt in die Sehnsucht nach einer Liebe, die stärker ist als der Tod. Maria hat uns die Verwandlung des Schmerzes in einen Akt der Hingabe vorgelebt. Sie hat den Schmerz als Opfer auf sich genommen. Sie will uns einladen, jeden Schmerz für eine andere Person auf uns zunehmen. Auf diese Weise werden unsere Schmerzen zum Segen für andere und zu einer Kraft, die sie befähigt, ihr Leben besser zu meistern.

Ein Weg, mit dem Schmerz umzugehen, war früher auch die Wallfahrt zu den vierzehn Nothelfern. Man ging mit den Schmerzen und Krankheiten, die im Bild der verschiedenen Nothelfer abgebildet wurden, zum Wallfahrtsort und erhoffte sich, dass Gott die Not wendete und die Wunden heilte. Dabei waren die Bilder der Heiligen voller Symbolik. Beim Blasiussegen am 3. Februar zum Beispiel wird in den Kerzen die heilende Liebe Gottes an meinen Hals gehalten, der oft genug vor Angst zugeschnürt ist oder in dem vor lauter Herunterschlucken ein Trauerkloß mich blockiert. Und so erfahre ich Zuwendung und vielleicht ein wenig Heilung. Der heilige Dionysius wird mit abgeschlagenem Kopf dargestellt. Er gilt als Patron gegen Kopfweh. Das klingt allzu äußerlich, ist aber voller Symbolik: Migränepatienten sind ja oft Menschen, die alles mit dem Kopf lösen und kontrollieren wollen, denen die Gedanken ständig in den Kopf steigen. Sie sollen von diesem Bild lernen, den Kopf an das Herz zu halten, mit dem Herzen zu denken. Das ist heilsam.

Welche Bibelstellen helfen dir, deine Krankheit geistlich zu bewältigen? Oder welche Weisen des Betens stimmen für dich in deiner Krankheit? Welche Gebetsworte kommen dir über die Lippen, wenn du zu Gott beten möchtest?

3. Meditationen für kranke Menschen

Nach den systematischen Darlegungen im ersten Teil des Buches möchte ich jetzt dazu einladen, die jeweils eigene Krankheit für sich selbst zu meditieren bzw. in der Begegnung mit Kranken zu solcher Meditation zu ermutigen. Vielleicht passen nicht alle Gedanken auf jeden Kranken und jede Krankheitserfahrung. Umso wichtiger ist es, den Gedanken zu trauen, die einem während der Lektüre im Herzen auftauchen, und sich so vor Gott und mit Gott über die Krankheit auszutauschen.

Zur Vorbereitung

Ich weiß nicht, welche Krankheit du hast, wie schwer sie dich getroffen hat. Es kann sein, dass manche Gedanken für dich nicht zutreffen, weil du in einer anderen Situation bist. Es kann sein, dass manche Worte dich verletzen, weil sie dir nicht gerecht werden. Ich möchte dich nicht verletzen. Doch welchem Gesunden wird es gelingen, sich ganz in deine Situation hineinzuversetzen? Ich kann dir nur sagen, was mir in der Krankheit geholfen hat, wie ich selbst mit einer Krankheit umgehe und umgehen möchte. Ob ich dann als Kranker meine eigenen Worte beherzigen kann, weiß ich nicht. Ich hoffe darauf. Wenn dir manche Gedanken als zu fromm erscheinen, dann trau deinem Gefühl. Vielleicht brauchst du erst noch die Rebellion, und es wäre noch zu früh, die Krankheit anzunehmen und dich damit auszusöhnen. Spüre selbst in dich, ob die Worte dieser Meditationen dich treffen oder nicht. Wenn sie an dir vorbeigehen, dann überlege, was du dir selbst zusprechen möchtest, was für dich in deiner konkreten Krankheit stimmt und was dir hilft, damit umzugehen. Ich wünsche dir, dass dich die Worte dieser Meditationen anrühren, dass sie dich herausfordern, deinen ganz persönlichen Weg zu finden, deine Krankheit anzunehmen und sie als Chance zu leben, tiefer in das Geheimnis deines eigenen Lebens und in das Geheimnis Gottes einzudringen.

Innehalten

Die Krankheit hat dich aus deinem gewohnten Leben herausgerissen. Vielleicht hast du schon lange geahnt, dass du nicht mehr so gesund bist, wie du es dir immer vorgestellt hast. Vielleicht hat dich die Krankheit auch wie aus heiterem Himmel getroffen, von einem Augenblick zum anderen. Dann war es doppelt schwer, die Krankheit anzunehmen, und du hast gedacht: Ich habe doch noch so viel zu tun. Die Termine stehen schon alle. Und jetzt diese Krankheit. Sie wirft alle meine Pläne über den Haufen. Muss das sein? Ich habe doch versucht, richtig zu leben. Ich habe nicht übertrieben mit der Arbeit. Ich habe mich gesund ernährt. Und trotzdem bin ich krank geworden. Was will Gott mir damit sagen? Warum hat er mir einen Strich durch die Rechnung gemacht?

Ich verstehe deine Rebellion gegen die Krankheit. Du willst ja gesund sein. Du willst dich dem Leben stellen. Du möchtest die Menschen in deiner Umgebung nicht enttäuschen und ihnen nicht zur Last fallen. Du möchtest weiter für sie die Verantwortung tragen. Aber jetzt geht es nicht mehr. Jetzt musst du umdenken.

Versuche, die Krankheit als Chance zu sehen. Halte inne und überlege, wie dein Leben in der letzten Zeit war. Wo hast du dich doch überfordert? Was hast du alles heruntergeschluckt? Du hattest keine Zeit, über manches, was dich bewegt, zu sprechen. Was kommt in dir hoch, wenn du die letzten Wochen und Monate überdenkst? War alles stimmig oder brodelte unter der Oberfläche doch etwas in dir, was du nicht wahrhaben wolltest?

Krankheit als Schlüssel

Im Lukasevangelium spricht Jesus vom Schlüssel der Erkenntnis, den die Gesetzeslehrer weggenommen haben (Lukas 11,52). Und Jesus selbst wird in der christlichen Tradition als der Schlüssel Davids bezeichnet. Der Schlüssel ist ein altes Symbol, das auch im Traum oft auftaucht. In manchen Märchen schließt uns der Schlüssel die Tür zu geheimem Wissen auf.

Versuche, deine Krankheit als Schlüssel zu sehen. Vielleicht schließt sie dir wichtige Kammern deines inneren Lebenshauses auf, die dir bisher verschlossen waren, in denen du noch nie gewesen bist. Auch diese Räume gehören zu dir. Du kannst darin Schätze entdecken, die dir bisher verborgen waren. In einem Zimmer ist vielleicht der Schatz der Geduld, in einem anderen findest du Weisheit, in einem dritten Liebe. Die Krankheit will dir die Räume aufschließen, die du bei der Hektik deines Alltags übergehst. Sie sind genauso wichtig wie die Räume, in denen du normalerweise lebst. Geh in diesen Tagen der Krankheit auf Entdeckungsreise. Erkunde dein Lebenshaus und verweile bewusst in den Räumen, die dir bisher unbekannt waren. Dann wirst du erkennen, was in dir steckt und was zum Reichtum und zur Vielfalt deines Lebens gehört.

Krankheit als Chance

Manche fragen sich bei einer Krankheit, was sie verkehrt gemacht haben. Aber diese Frage hilft uns nicht weiter. Sie erzeugt in uns nur Schuldgefühle, als ob wir selbst an der Krankheit schuld seien. Schuldgefühle führen nicht zur Heilung, sondern lähmen uns nur. Statt in die Vergangenheit zu schauen und nach Ursachen für deine Krankheit zu suchen, solltest du dich lieber fragen, was dir die Krankheit sagen möchte, was der Sinn dieser Krankheit sein könnte und wohin sie dich führen will.

Es gibt da ein schönes Märchen, das dir helfen kann, deine Krankheit als Chance zu verstehen. Da schickt ein Schweizer Graf seinen Sohn zu einem Meister in eine fremde Stadt, damit er von ihm das Leben lerne. Nach einem Jahr kommt der Sohn zurück. Auf die Frage, was er denn gelernt habe, antwortet er: »Ich habe die Sprache der bellenden Hunde gelernt.« Der Vater ist wütend und schickt ihn zu einem anderen Meister. Dort lernt der Sohn die Sprache der Frösche und bei einem dritten die Sprache der Vögel. Voller Zorn befiehlt der Vater seinen Dienern, den Sohn zu töten. Doch der kann entfliehen. Auf seiner Wanderung kommt er in eine Burg. Dort möchte er gerne übernachten. Der Burgherr kann ihm jedoch nur den Turm anbieten, in dem wild bellende Hunde hausen, die schon manch einen zerrissen haben. Aber der junge Mann hat keine Angst vor den Hunden. Er kennt ja ihre Sprache. So unterhält er sich freundlich mit ihnen. Sie verraten ihm, dass sie nur deshalb so wild bellen, weil sie einen Schatz hüten. Sie zeigen ihm den Schatz und helfen ihm, ihn auszugraben. Dann verschwinden die Hunde, und im Land herrscht von nun an Frieden.

Deine Krankheit könnte so ein bellender Hund sein, der den Schatz in dir hütet. Vielleicht hast du diesen Schatz bisher immer übersehen. Der Schatz, das ist dein wahres Selbst, das unverfälschte Bild, das Gott sich von dir gemacht hat.

Wo hast du an diesem Schatz vorbeigelebt? Du solltest dankbar sein, dass dein Leib rebelliert, dass die Hunde in dir bellen. Sie wollen dich darauf aufmerksam machen, dass da in dir noch ein anderes Bild ist als das, was du nach außen hin lebst. Du wirst die Sprache der bellenden Hunde nicht sofort verstehen. Aber wenn du geduldig hineinhörst in die Sprache deiner Krankheit, dann wirst du den Schatz in dir entdecken, dein wahres Selbst, deinen unverfälschten Kern, der sich zu Wort meldet, um aufs Neue beachtet zu werden.

Keiner von uns ist immer in Berührung mit seinem innersten Kern. Wir brauchen die bellenden Hunde, die uns darauf aufmerksam machen, dass wir an unserem Schatz vorbeileben. Sie laden uns dazu ein, stimmiger und authentischer zu leben.

Schule des Lebens

Deine Krankheit zeigt dir, dass du nicht alles planen kannst. Dein Leben ist nicht allein von deinem eigenen Willen abhängig. Da ist noch ein anderer Wille. Da ist Gott, der deine Pläne durchkreuzt. Aber dieser Gott ist kein Willkürgott, der dir nichts gönnt. Er ist der Gott des Lebens, der dich das Geheimnis des Lebens lehrt.

Manchmal ist es schwer, in diese Schule des Lebens zu gehen. Wir haben unsere bestimmten Vorstellungen vom Leben. Wir wissen doch, was Leben heißt. Was möchte dich deine Krankheit lehren? Vielleicht möchte sie dich ermahnen, deine Lebensweise zu ändern, den Stress zu lassen und dir Ruhe zu gönnen. Vielleicht möchte sie dich ermuntern, bewusster und achtsamer zu leben und dich nicht ständig von außen bestimmen und treiben zu lassen. Die Krankheit zeigt dir: Es ist nicht selbstverständlich, dass dein Leben gelingt. Dass du gesund bist, ist nicht dein verbrieftes Recht. Du hast kein Anrecht auf achtzig oder neunzig gesunde Jahre. Es ist immer ein Geschenk, wenn du gesund bist. So möchte dich die Krankheit lehren, das Geschenk deines Lebens dankbar anzunehmen und es bewusst zu erleben. Deine Zeit ist begrenzt. Daher sollst du sie auskosten.

Doch was soll mich eine Krankheit lehren, die so sinnlos erscheint, die zum Tode führen wird?, so fragst du dich. Ich kann dir darauf keine einfache Antwort geben. Ich vertraue und hoffe darauf, dass auch eine todbringende Krankheit zum Schatz führen wird, zum wahren Leben, zum ewigen Leben. Ewiges Leben meint hier schon eine neue Lebensqualität. Angesichts des Todes werde ich jeden Augenblick intensiver erleben und dem Geheimnis des Lebens nachspüren: Was heißt das, dass ich atme, dass ich spreche, fühle, liebe? Was macht das Leben aus? Ewiges Leben meint aber auch, dass diese Qualität von Leben nicht zerbricht, wenn ich sterbe, sondern dass sie in ihrer ganzen Fülle aufgehen wird.

Wechselbad der Gefühle

Vielleicht stürzt dich die Krankheit in ein Wechselbad der Gefühle. Viele erleben in ihrer Krankheit verschiedene Phasen. Die erste Phase ist die, dass sie die Krankheit nicht wahrnehmen möchten. Sie verdrängen sie einfach. Sie beschäftigen sich nur mit den medizinischen Fakten, ohne die Krankheit persönlich an sich herankommen zu lassen. Doch wenn das Verdrängen nicht mehr gelingt, geraten sie in Wut über diese Krankheit, die ausgerechnet jetzt kommen muss. Sie kämpfen gegen diese Krankheit, sie bäumen sich auf. Sie wehren sich mit allen Kräften dagegen. Andere reagieren dagegen mit Verzweiflung. Sie fallen in tiefe Depression, in einen dunklen Abgrund. Sie sehen keinen Sinn in ihrer Krankheit, in ihrem Leben. Was soll das alles? Sie resignieren. Oder sie suchen die Ursache ihrer Krankheit bei anderen, bei den Umständen, in die sie geraten sind, bei den Menschen, die sie so drangsaliert haben, bei den Ärzten, die manches versäumt haben. Sie wollen ihre Krankheit nicht anschauen, sondern weisen anderen die Schuld an ihrer Krankheit zu. So beschäftigen sie sich mit anderen, anstatt mit sich und ihrem kranken Leben.

Wenn nach all diesen Phasen die letzte Phase gelingt, das Annehmen, dann findet der Kranke in sich einen tiefen inneren Frieden. Aber es ist nicht so leicht, sich mit seiner Krankheit auszusöhnen und sie zu akzeptieren. Man muss erst durch die Rebellion hindurchgegangen sein, um zu dieser versöhnten Annahme zu gelangen.

Warum ich?

Eine häufige Reaktion auf die Krankheit ist die Frage: Warum gerade ich? Wenn es eine todbringende Krankheit ist, dann stellt sich die Frage: War das schon alles? Soll das alles gewesen sein? Warum muss mein Leben jetzt schon abgeschnitten werden? Ich möchte doch noch so gerne leben. Manche versuchen dann, mit Gott zu verhandeln. Wenn Gott mich gesund macht, dann werde ich ins Kloster gehen, dann werde ich jährlich eine Wallfahrt machen, dann stifte ich den Armen Geld. Manche bitten Gott, dass er ihnen wenigstens noch fünf oder zehn Jahre schenken möge, dass sie doch noch so lange leben dürften, bis die Kinder alle aus dem Haus sind.

Jesus selbst kennt unsere Fragen und unsere Verhandlungsstrategien. Am Ölberg hat er eine ähnliche Erfahrung durchgemacht. Da musste er erkennen, dass es mit ihm zu Ende ging, dass er gegen die römischen Häscher keine Chance hatte. Da wirft er sich zu Boden und betet: »Mein Vater, wenn es möglich ist, gehe dieser Kelch an mir vorüber« (Matthäus 26,39).

Jesus möchte nicht leiden und in den Tod gehen. Er möchte leben wie wir alle. So ringt er mit dem Vater. Bei Lukas ist dieses Ringen so existenziell, dass der Angstschweiß Jesus wie Blut von der Stirne rinnt (Lukas 22,44). Aber Jesus ringt sich dazu durch, zu akzeptieren, dass nicht sein, sondern Gottes Wille geschieht: »Aber nicht wie ich will, sondern wie du willst« (Matthäus 26,39).

Ob mir das jemals gelingen wird, mich so in den Willen Gottes hinein zu ergeben, wie es Jesus getan hat, kann ich nicht sagen. Aber auch Jesus ist am Kreuz mit der bohrenden Frage an seinen Vater gestorben: »Mein Gott, mein Gott, warum hast du mich verlassen?« (Mt 27,46) Das tröstet mich. Lukas deutet allerdings an, dass Jesus sich nach seiner Frage dann doch voll Vertrauen in Gottes Arme fallen ließ: »Vater, in deine Hände befehle ich meinen Geist« (Lk 23,46). Ich hoffe, dass ich durch alle Zweifel und Fragen hindurch das Vertrauen erreiche, mit dem Jesus seinen Weg bis zuletzt gegangen ist.

Hadern und Klagen

In deiner Krankheit wird dir viel Zeit geschenkt. Nutze die geschenkte Zeit. Du kannst über vieles nachdenken. Überdenke dein Leben! Wie ist es bisher verlaufen? Kannst du dich aussöhnen mit allem, was war? Kannst du in allem dankbar die Führung Gottes wahrnehmen oder erkennst du in deinem Leben nur Chaos und Zufall?

Erinnere dich an die Augenblicke, in denen du voller Freude warst, in denen du ganz im Einklang warst mit dir, in denen du wolltest, dass die Zeit stillsteht und der Augenblick ewig dauert. Dort hast du das Geheimnis des Lebens gespürt. Dort war dir Gott nahe. Spürst du jetzt Gottes Nähe oder ist er dir eher fern? Kannst du ihn ansprechen oder bist du vor ihm verstummt, weil dir alles so unbegreiflich und sinnlos vorkommt? Bist du enttäuscht von diesem Gott, dass er dir diese Krankheit zumutet?

Sage Gott, wie du dich fühlst. Klage vor ihm, dass du nicht einsehen kannst, warum du krank geworden bist. Du darfst auch mit Gott hadern. Aber versuche dann, im Klagen und Hadern hineinzuhorchen in die Stille. Vielleicht antwortet dir Gott, wie er dem Hiob geantwortet hat. Allerdings hat Gott dem Hiob keine Antwort auf seine Frage gegeben, warum ihn das Leid getroffen hat. Er hat ihm nur die Größe und Schönheit seiner Schöpfung gezeigt. Da hat sich Hiob angesichts der Unbegreiflichkeit Gottes in Gott hinein ergeben.

Zwinge dich aber zu nichts. Traue deinen Gefühlen. Und wenn in dir noch Wut und Verzweiflung vorherrschen, so lass sie ruhig zu. Doch sprich sie aus. Vergrabe dich nicht in den Groll hinein. Wenn du aussprichst, was in dir ist, kann es sich auch wandeln. Und vielleicht stehen am Ende ein neues Gottesbild und ein neues Verständnis für den unbegreiflichen Gott, der dich trotz allem in seiner guten Hand trägt.

In Gottes Hand

Du musst zahlreiche Untersuchungen über dich ergehen lassen. Die Ärzte wollen genau wissen, welche Krankheit du hast und woher deine Beschwerden kommen. Du bist verunsichert, du weißt nicht, was bei all diesen Untersuchungen herauskommt. Du hoffst, dass keine schlimme Krankheit diagnostiziert wird. Aber du weißt es nicht. Du hast Angst, es könnte etwas in dir sein, was du nicht kennst. Vielleicht verkrampfst du dich. Oder du lässt einfach alles über dich ergehen, ohne dir Gedanken zu machen.

Du kannst das Ergebnis nicht vorwegnehmen. Du spürst, dass du deine eigenen Überlegungen lassen musst. Dein Grübeln ändert das Ergebnis nicht. Du kannst dich nur in Gottes Hand fallen lassen, ihm vertrauen, dass er alles zum Besten lenkt. Und wenn du das Ergebnis kennst, weißt du immer noch nicht, wie dein Leib darauf reagiert. So kannst du nur Gott bitten, dass er seine gute Hand über dich hält und dich stärkt, damit du durch die Krise dieser Krankheit hindurchgehen kannst. Du weißt nicht, wie du auf das Ergebnis der Untersuchungen reagieren wirst, ob du froh oder traurig sein wirst, gefasst oder am Boden zerstört. Überlasse dich auch mit deiner Reaktion Gott und halte ihm deine Kraft und deine Ohnmacht hin, deine Freude und deine Trauer und befiehl ihm deine Wege.

Angst und Vertrauen

Du stehst vor einer Operation. Du schwankst zwischen dem Vertrauen auf das Können der Ärzte und der Angst vor dem, was eventuell an Komplikationen eintreten könnte. Die Narkose beunruhigt dich. Es fällt dir schwer, dich einfach den Ärzten zu überlassen, nichts selbst machen zu können. Du malst dir aus, was alles geschehen könnte.

Ich verstehe deine Grübeleien. Aber sie führen dich nicht weiter. Überlasse dich mit deiner Angst Gott. Du musst deine Angst gar nicht überwinden. Halte sie einfach Gott hin, damit er dich in deiner Angst beschützt, damit er deine Angst in Vertrauen verwandelt. Du kannst in deiner Angst nur beten, dass Gott den Ärzten die Hände führe und ihnen die Augen öffne, damit sie alles richtig machen. Und bete darum, dass Gott seine schützende Hand über dich hält, während du ohne Bewusstsein bist. Vielleicht helfen dir die Worte aus dem Psalm 23 dabei:

Der Herr ist mein Hirte, nichts wird mir fehlen.
Er lässt mich lagern auf grünen Auen
und führt mich zum Ruheplatz am Wasser.
Er stillt mein Verlangen;
er leitet mich auf rechten Pfaden, treu seinem Namen.
Muss ich auch wandern in finsterer Schlucht,
ich fürchte kein Unheil;
denn du bist bei mir,
dein Stock und dein Stab geben mir Zuversicht.

Schmerzen

Ich kenne deine Schmerzen nicht. Aber ich weiß, wie mörderisch Schmerzen sein können. Ich hoffe für dich, dass deine Schmerzen erträglich sind. Aber ich kenne es aus eigener Erfahrung, wie die Schmerzen einen betäuben können. Man kann gar nicht mehr richtig denken. Man fühlt sich ohnmächtig, wund geschlagen, nur noch mit den Schmerzen beschäftigt. Es hilft dir nichts, wenn du dich gegen die Schmerzen aufbäumst. Natürlich sollst du die Medikamente einnehmen, die den Schmerz lindern. Aber wenn er immer noch da ist, kannst du einmal versuchen, dich nur in den Schmerz hineinfallen zu lassen. Wenn du dich aussöhnst mit deinem Schmerz, kann er sich vielleicht wandeln.

Die Schmerzen erinnern dich daran, dass du Mensch bist. Sie zeigen dir deine Hilflosigkeit und Ohnmacht. Aber vielleicht entdeckst du in deinen Schmerzen auch deinen unverwüstlichen Kern, der den Schmerzen trotzt, auch wenn sie noch so weh tun. In dir ist etwas Unzerstörbares. Die Schmerzen wollen dich zu deinem unzerstörbaren und unvergänglichen Kern führen. Sie zerbrechen alles Äußere, was du um dich herum aufgebaut hast, deine Masken und Rollen, deine Selbstsicherheit und Kraft, deinen Willen, alles zu kontrollieren. Aber sie wollen dich selbst nicht zerbrechen. Sie wollen dich zu dir und deinem wahren Selbst führen. Dort bist du heil. In dir ist ein Raum, zu dem die Schmerzen keinen Zutritt haben. Es ist der innere Raum der Stille, in dem Gott selbst in dir wohnt. Und in diesem Raum bist du ganz du selbst, unangefochten von den mörderischen Schmerzen. Ich wünsche dir, dass du mitten in deinen Schmerzen diesen Raum in dir entdeckst und dort einen tiefen Frieden spürst trotz aller äußeren und inneren Turbulenzen.

Krankheit – Ort der Neugeburt

Die heilige Hildegard hat viel über Krankheit und Gesundheit geschrieben, über gesunde Ernährung und wohltuende Lebensweise. Dennoch ist sie immer wieder krank geworden.

Sie hat die Krankheit jedes Mal als Chance erlebt, als Ort einer Neugeburt. Sie wurde immer dann krank, wenn sich in ihr etwas Neues anbahnte, wenn sie einen Ruf spürte, ihn aber noch nicht verstand. Von ihrem Krankenlager stand sie jedes Mal mit einem neuen Auftrag und einer neuen Einsicht auf. Sie meinte, die Kunst des Lebens würde darin bestehen, dass unsere Wunden zu Perlen verwandelt werden. Ich wünsche dir, dass deine Krankheit sich für dich zu einer Perle verwandelt, dass sie für dich etwas Kostbares wird, das dich neue Wege lehrt. Vielleicht will dich die Krankheit lehren, besser auf deine Seele und deinen Leib zu hören, dich besser abzugrenzen, die Maßstäbe für dein Leben neu zu ordnen.

Offensichtlich brauchen wir immer wieder einmal eine Krankheit, um unser Leben neu zu überdenken. Auch wenn wir denken, dass wir gut auf uns und unseren Leib hören, müssen wir manchmal feststellen, dass wir doch einige Signale überhört haben und krank werden. Manchmal wollen wir solche Signale auch nicht hören, weil sie nicht in unser Lebenskonzept passen.

Vielleicht will dich deine Krankheit auch etwas lehren, was du ohne sie nicht lernen würdest. Ich wünsche dir, dass du wie die heilige Hildegard neu geboren aufstehst, mit einem neuen Auftrag, einer neuen Einsicht, einer neuen Lebensqualität, einer neuen Ausstrahlung.

Beziehungen

Du denkst in deiner Krankheit an deine Angehörigen. Sie machen sich Sorgen um dich. Du wolltest ihnen diese Sorgen ersparen. Aber du kannst ihnen deine eigene Wahrheit nicht vorenthalten. Sie müssen sich damit aussöhnen, dass du ihnen nicht zur Verfügung stehst, dass du momentan nicht mehr kannst, als dich auszuruhen. Deine Krankheit betrifft auch andere. Deine Angehörigen, deine Arbeitskollegen, deine Freunde müssen sich umstellen und darauf einrichten, dass sich auch ihr Leben durch deine Krankheit verändert. Versuche, nicht nur auf deine Krankheit zu schauen, sondern dich in deine Angehörigen hineinzuversetzen, sie zu fragen, wie es ihnen ergeht. Ich kenne kranke Menschen, zu denen andere kommen, weil sie sich von ihnen angenommen und verstanden fühlen. Sie haben ja auf ihrem Krankenbett viel Zeit. Die nützen sie, sich ganz auf die Menschen einzulassen, die sie besuchen.

Vielleicht haben deine Angehörigen Angst, du könntest diese Krankheit nicht überleben. Und du machst dir Vorwürfe, dass sie sich um dich ängstigen. Aber du kannst ihnen diese Gedanken und Gefühle nicht nehmen. Es ist ihre Aufgabe, sich mit deiner Krankheit auszusöhnen. Wenn du selbst Angst hast, dass du deine Angehörigen verlassen musst, dann ist es umso wichtiger, dass du den Kontakt zu ihnen bewusst wahrnimmst und ihnen das sagst, was du ihnen schon lange sagen wolltest, was du dir aber immer verboten hast, weil es vielleicht zu persönlich war.

Wie willst du deinen Angehörigen begegnen? Was möchtest du ihnen vermitteln? Wenn sie dich besuchen, dann nimm sie bewusst wahr! Lass es dankbar geschehen, dass dich deine Freunde besuchen und dass dich so viele Menschen lieben. Sag den Menschen, was sie dir bedeuten. Dann erneuert deine Krankheit die Beziehung zu ihnen. Wage es aber auch auszusprechen, was dich stört, was du nicht mehr möchtest.

Vielleicht hast du zu lange aus falscher Rücksicht heruntergeschluckt, was dir gar nicht bekommt. Habe den Mut, ihnen
freundlich und ohne Aggressivität zu sagen, was dich verletzt.
Vielleicht sind die anderen froh, endlich zu wissen, was du
fühlst, was du möchtest und was nicht.

Geben und nehmen

Du wirst von lieben Menschen gepflegt, von den Krankenschwestern oder von deinen Angehörigen. Viele tun sich schwer, die
Hilfe anderer Menschen in Anspruch zu nehmen und sie dankbar zu genießen. Sie möchten am liebsten alles selbst machen. Sie
schenken lieber, als sich beschenken zu lassen. Und es ist ihnen
peinlich, sich die eigene Hilflosigkeit einzugestehen.
Nimm dankbar wahr, wenn du gut versorgt wirst. Genieße es
einmal, dass du gepflegt wirst, dass dir die lieben Menschen
deine Wünsche von den Augen ablesen und alles für dich tun,
was du brauchst. Du bist wertvoll. Du bist es wert, dass andere
sich um dich kümmern.
Aber auch die, die dich pflegen, kommen an ihre physi-
schen und psychischen Grenzen. Überfordere sie nicht mit
deinen Ansprüchen. Schenke ihnen, was du zu geben hast, ein
freundliches Lächeln, einen dankbaren Blick, eine Anerkennung dafür, dass sie für dich da sind. Dann wächst um dich
herum ein Klima, das dir guttut und deine Wunden leichter
heilt als eine Atmosphäre von Gereiztheit und übertriebe-
nen Ansprüchen. Dann wachsen neue Beziehungen, die dich
tragen.

Wenn du nur noch einen Tag zu leben hättest ...

Die Krankheit ist immer eine Krise. Du weißt nicht, wie sie sich entwickelt. Sie könnte auch tödlich ausgehen. So stellt uns die Krankheit in Frage. Sie erinnert uns daran, dass wir irgendwann einmal sterben werden. Wie soll ich leben, wenn ich doch sterben werde? Ich weiß nicht, wie lange mir noch zu leben vergönnt ist. Die Krankheit könnte eine Gelegenheit sein, jeden Tag so zu leben, als ob er der letzte wäre. Was würdest du tun, wenn dir der Arzt sagte, du hättest nur noch einen Tag zu leben? Wen möchtest du noch sehen? Was möchtest du den Menschen sagen, die dir nahe sind, die du liebst? Was wäre dein Vermächtnis, das du deinen Lieben hinterlassen möchtest? Wie möchtest du die Menschen anschauen, welche Botschaft möchtest du ihnen mitgeben?

Die Vorstellung, nur noch einen Tag zu leben, soll dich nicht unter Leistungsdruck stellen, als ob du alles erledigen müsstest, was du bisher versäumt hast. Das wäre eine Überforderung. Sie will dich nur dazu einladen, bewusster zu leben, jeden Augenblick auszukosten, das Geheimnis des Lebens in jedem Augenblick wahrzunehmen. Spüre dich hinein in das Geheimnis und koste es aus, dass du atmest, dass du siehst und hörst und zu den Menschen sprichst. Was möchtest du gerne sagen? Was sollen deine Worte vermitteln? Was soll von deinen Augen ausgehen? In jeder Begegnung mit einem Menschen kannst du das Geheimnis der Liebe und darin das Geheimnis Gottes erahnen.

Du gräbst mit deinem Dasein dieser Welt eine Spur ein. Welche Spur möchtest du den Menschen hinterlassen? Woran sollen sie sich erinnern, wenn sie an dich denken?

Für mich ist die Vorstellung, nur noch einen Tag zu leben, eine Herausforderung, ganz durchlässig zu sein für Gott, für Gottes Licht und Gottes Liebe. Es geht mir nicht darum, noch etwas zu erledigen, sondern in jedem Wort, in jedem Blick, in jeder Berührung ganz da zu sein und mein Innerstes auszudrücken. Und ich möchte, dass das, was von mir ausgeht, Liebe und Milde ist, Barmherzigkeit und Weite, Freiheit und Gelassenheit. Ich wünsche dir, dass du alles, was du heute tust, bewusst tust. Dass du dem Geheimnis deines Lebens nachspürst und durch alle deine Worte und Blicke dein Herz durchscheint.

Krankheit und Gebet

Die Krankheit kann dich lehren, auf neue Weise zu beten. Aber ich kenne auch Menschen, die in ihrer Krankheit nicht mehr beten konnten. Zu schrecklich war für sie die Nachricht, dass sie unheilbar krank sind. In ihnen war nur noch Aufruhr – kein Gebet. Für sie galt nicht, dass Not beten lehrt. Sie sind in ihrer Not verstummt.

Wenn du in deiner Krankheit betest, so wirst du wohl in erster Linie darum bitten, gesund zu werden, die Krankheit gut zu überstehen. Du möchtest gerne weiterleben. Und du möchtest deine Angehörigen und Freunde nicht in Trauer stürzen. Dein Wunsch, gesund zu werden, ist berechtigt, selbst wenn dir die Ärzte vielleicht wenig Hoffnung machen. Gib dich nicht auf! Kämpfe mit Gott um dein Leben! Schreie zu Gott, dass du noch gerne weiterleben möchtest, weil die Menschen dich brauchen. Bitte Gott, dass er das Unmögliche möglich macht, deine Krankheit wendet und dich gesund wieder aufstehen lässt. Aber all unser Bittgebet führt uns immer wieder auch an die Vaterunser-Bitte heran: »Dein Wille geschehe, wie im Himmel so auf Erden.« Wenn du darum bittest, dass Gottes Wille an dir geschehe, so soll das keine Resignation sein, keine Selbstaufgabe. Vielmehr soll darin das Vertrauen zum Ausdruck kommen, dass Gott alles zum Besten führt.

Ich weiß, wie schwer es vielen Menschen fällt, zu beten: »Dein Wille geschehe.« Ich kenne eine Frau, die konnte, nachdem sie die Diagnose von ihrer Krebserkrankung erfahren hatte, diese Bitte jahrelang nicht beten. Doch nun, da sie den Krebs schon lange Zeit überwunden hat, betet sie diese Worte mit einem neuen Vertrauen.

Vielleicht wendest du ein: Wenn ich gesund werde, kann ich diese Vaterunser-Bitte auch gut beten. Aber wenn ich diese Krankheit nicht überwinde, was ist dann? Du sollst dich nicht dazu zwingen, diese Worte zu beten. Es genügt schon, wenn in dir eine Ahnung davon ist, dass du in Gottes guter Hand bist, dass dein Selbst auch durch die Krankheit nicht zerstört werden kann und den Tod überdauert.

Mich hat immer das Gebet fasziniert, das drei Lübecker Kapläne vor ihrer Hinrichtung im Dritten Reich gebetet haben. Ich habe es immer wieder meditiert und es mit offenen Händen gebetet, bis ich es innerlich nachvollziehen konnte:

Herr, hier sind meine Hände.
Lege hinein, was du willst.
Nimm hinweg, was du willst.
Führe mich, wohin du willst.
In allem geschehe dein Wille.

Welche Freiheit spricht aus diesen Worten und welches Vertrauen! Ich wünsche dir das Vertrauen dieser jungen Männer, die sich auch von den Nazischergen keine Angst vor dem Tod einjagen ließen, die erhobenen Hauptes durch das Tor des Todes geschritten sind, im Vertrauen, dass Gott sie auch dort noch führt, wo sie selbst nichts mehr tun können.

Die Frage nach dem Sinn

Jede Krankheit stellt aufs Neue die Sinnfrage. Was hat es für einen Sinn, dass ich lebe? Was macht den Sinn des Lebens aus? Was macht meinen Wert aus? Hat mein Leben nur dann Sinn, wenn ich viel geleistet habe? Jede Leistung wird vergehen. Was ich aufgebaut habe, wird zerfallen. Besteht der Sinn meines Lebens darin, dass ich möglichst vielen geholfen habe? Nicht jedem ist es vergönnt, anderen zu helfen. Und die Hilfe wird nicht ewig dauern. Was macht meinen Wert aus? Besteht er in meiner Leistung, in der Anerkennung, die ich von Menschen erfahre, in der Zuwendung und Bestätigung durch andere? Von der Anerkennung allein kann ich nicht leben. Besteht der Sinn darin, dass ich geliebt werde? Die Liebe kann mein Leben verzaubern. Wenn ich mich geliebt fühle, spüre ich einen Sinn in meinem Leben. Aber wenn ich mich nur dann wertvoll fühle, wenn ein anderer mich liebt, ist das gegen meine Würde. Dann wäre ich völlig abhängig von diesem anderen Menschen. Der wahre Sinn meines Lebens besteht für mich darin, dass ich das einmalige Leben lebe, das Gott mir zugedacht hat. Dass ich das Bild, das Gott sich von mir gemacht hat, in dieser Welt zum Leuchten bringe. Dass ich Gott selbst in meinem Bild ausdrücke.

Welchen Aspekt von Gott möchtest du in dieser Welt auf-
leuchten lassen? Ist es die Barmherzigkeit, die Milde, die
Klarheit, die Kraft oder ist es die Sanftmut und Güte? Trau dir
selbst, dass du für diese Welt wichtig bist und eine einmalige
Ausstrahlung hast. Der Sinn deines Lebens liegt darin, dass
du dein eigenes Leben lebst und deine Ausstrahlung anderen
zuteilwerden lässt.

In der Krankheit für andere beten

Wir haben im Kloster eine Krankenstation. Die Mitbrüder, die
dort gepflegt werden, haben vor einigen Jahren beschlossen,
dass sie jeden Nachmittag den Rosenkranz für die Gemeinschaft beten. Sie hatten ja Zeit zum Beten. Also nahmen sie sich
die Zeit, um für die jungen Mitbrüder zu beten, oder für die,
die gerade vor einer wichtigen Entscheidung stehen. Durch
ihr Gebet für die Gemeinschaft bekamen die kranken Mitbrüder das Gefühl, dass sie noch wichtig sind für die Gemeinschaft, dass sie noch eine wichtige Aufgabe haben. Ich kenne
das auch von anderen alten Menschen, von kranken Groß-
müttern und Großvätern. Sie jammern nicht über ihre Krankheit, sie bedauern sich nicht selbst. Sie nerven nicht andere,
indem sie immer nur über sich und ihre Krankheitssymptome
reden. Sie verwandeln ihre Krankheit, indem sie sie zum Ort
des Gebetes für andere machen. Sie glauben daran, dass ihre
Krankheit zum Segen für andere werden kann, wenn sie sie in
Geduld ertragen und in Gebet umformen.

Ich kenne alte und kranke Menschen, die während ihrer
Krankheit für jedes ihrer Kinder und Enkel immer wieder

den Rosenkranz beten. Auf diese Weise sind sie nicht mit sich selbst beschäftigt, sondern denken im Gebet an die vielen, die ihnen anvertraut sind. Wenn sie Schmerzen spüren, dann nehmen sie die Schmerzen als Gebet für die anderen. Ihre Schmerzen werden zum Ausdruck ihrer Liebe zu den Menschen.

Die Krankheit und die Schmerzen so zu sehen ist eine hohe Kunst. Ich weiß nicht, ob es mir einmal gelingen wird, meine Krankheit so zu verstehen. Aber ich weiß, dass die Menschen, die das vermögen, zu einer Quelle des Segens werden für ihre Umgebung. Diese Menschen haben den Eindruck, dass sie selbst in ihrer Hilflosigkeit noch gebraucht werden. Denn beten können sie immer. Und sie glauben daran, dass das Gebet eines Kranken besonders wertvoll ist. Wer seine Krankheit zum Gebet macht, der wird darin Jesus Christus ähnlich, der ja für die frühe Kirche gerade am Kreuz der große Beter war, denn als er selbst in größter Not war, ist er selbst für uns zum Gebet geworden.

Krankheit als Aufbrechen

Viele fragen sich, sobald sie krank sind: Warum bin ich krank geworden? Habe ich etwas falsch gemacht? Ist die Krankheit eine Strafe für meine Sünden? Oder habe ich mich falsch ernährt? Alle Fragen, die sich um die Ursachen der Krankheit drehen, helfen nicht weiter. Ich kann die Krankheit nur annehmen und Gott fragen, was er mir durch die Krankheit sagen möchte. Für mich hat die Krankheit den Sinn, dass sie meine Vorstellungen zerbricht, die Vorstellungen, die ich von mir selbst, von meinem Leben und von Gott habe. Wenn ich durch die Krankheit meine Vorstellungen zerbrechen lasse, werde ich nicht an ihr zerbrechen, sondern aufgebrochen für mein wahres Selbst, aufgebrochen für neue Möglichkeiten in meinem Leben und aufgebrochen für den unbegreiflichen Gott, der aber trotz aller Unbegreiflichkeit dennoch Liebe ist. Es tut weh, wenn mir meine Vorstellungen vom Leben zerbrochen werden. Aber es ist auch eine Chance. Ich kann aufgebrochen werden für Neues, das in mir aufblühen möchte. Und ich kann selbst den Aufbruch wagen in ein neues Land. Ich kann aufbrechen in meine Wahrheit, in mein wahres Selbst, aufbrechen zu dem unbekannten Gott. Und ich kann aufbrechen zur Begegnung mit Menschen. Vielleicht wird diese Begegnung dann genauso intensiv wie die zwischen Maria und Elisabeth. In Elisabeth hüpfte das Kind auf. Sie kam in Berührung mit dem Ursprünglichen in sich selbst.

Wenn du in deiner Krankheit den Aufbruch wagst, wirst du deine Begegnungen mit deinen Besuchern auf ganz neue und intensive Weise erleben. Du wirst für die anderen zu einer Quelle des Glücks und dabei zugleich selbst beglückt.

Krankheit ausleiden für die Welt

Marguérite-Marie, die Schwester des großen Theologen und Naturwissenschaftlers Teilhard de Chardin, war jahrzehntelang gelähmt und bettlägerig. Während ihr großer Bruder die Welt erforschte und voller Tatendrang das Geheimnis des menschlichen Lebens ergründen wollte, war sie ans Bett gefesselt. Doch sie nahm ihre Krankheit bewusst als Hingabe an Gott und als Dienst für die Kirche an. Im Vorwort zur Biografie seiner im Jahre 1936 gestorbenen Schwester schreibt Teilhard de Chardin im Jahre 1950: »Während ich im Dienst der positiven Kräfte des Universums Länder und Meere durcheilte, leidenschaftlich bemüht, alle Tönungen der Erde zu beobachten, hast du, bewegungslos auf dein Lager hingestreckt, in der Tiefe deines Wesens das schlimmste Dunkel der Welt in Licht umgewandelt. Sage mir, Marguérite, wer von uns beiden hat nun in den Augen des Schöpfers den besseren Teil erwählt?«

Vielleicht meinst du, jetzt, da du krank bist, kannst du nichts mehr für die Welt tun. Du musst dich von anderen umsorgen lassen, kommst dir vielleicht als Last für die anderen vor. Aber wenn du deine Krankheit annimmst, dann kann an dem Ort, an dem du jetzt bist, ein Stück dieser Welt heiler und heller werden. Das zu verstehen, ist sicher nicht so einfach. Aber es ist eine Menschheitsüberzeugung, dass diese Welt nicht nur aktiv gestaltet und geformt werden muss, sondern dass es in dieser Welt auch etwas gibt, das nur passiv ausgelitten werden kann. Nur so wird es verwandelt. Dieses Ausleiden ist ein Dienst für die Menschen. Vielleicht bleibt dir nur dieser Dienst. Aber er ist genauso wichtig wie jede aktive Aufgabe. Wenn du dich in diesem Dienst in der Gemeinschaft Jesu weißt, dann kannst du darauf vertrauen, dass auch durch deine Krankheit Heil in diese Welt kommen kann.

»Was soll ich dir tun?«

Im Neuen Testament werden uns viele Heilungsgeschichten erzählt. Da begegnet Jesus Menschen, die von vielerlei Krankheiten geplagt werden. Vielleicht denkst du, diese Kranken hatten es gut. Sie erfuhren von Jesus das Wunder ihrer Heilung. Doch die Heilungsgeschichten werden uns nicht erzählt, damit wir Jesus als Wundertäter bewundern, der vor langer Zeit gelebt hat. Jesus ist der Christus, der Herr, der dir jetzt genauso begegnet, wie er den Menschen damals begegnet ist. Allerdings sind auch damals nicht alle Kranken geheilt worden. Es ist immer ein Wunder, wenn in der Begegnung mit Jesus Kranke wieder gesund werden.

Ich möchte nur eine einzige Heilungsgeschichte herausgreifen, die zeigt, was der Kranke selbst tun kann, um von Jesus geheilt zu werden.

Da wird von einem Blinden erzählt, der an der Straße von Jericho saß und bettelte (Markus 10,46–52). Eines Tages kam Jesus mit seinen Jüngern und einer großen Menschenmenge vorüber. Der Blinde wurde aufmerksam. »Sobald er hörte, dass es Jesus von Nazaret war, rief er laut: Sohn Davids, Jesus, hab Erbarmen mit mir! Viele wurden ärgerlich und befahlen ihm zu schweigen. Er aber schrie noch viel lauter: Sohn Davids, hab Erbarmen mit mir! Jesus blieb stehen und sagte: Ruft ihn her! Sie riefen den Blinden und sagten zu ihm: Hab nur Mut, steh auf, er ruft dich. Da warf er seinen Mantel weg, sprang auf und lief auf Jesus zu. Und Jesus fragte ihn: Was soll ich dir tun? Der Blinde antwortete: Rabbuni, ich möchte wieder sehen können. Da sagte Jesus zu ihm: Geh! Dein Glaube hat dir geholfen. Im gleichen Augenblick konnte er wieder sehen, und er folgte Jesus auf seinem Weg.«

Die Geschichte will dich einladen, genauso laut zu Jesus zu schreien, wie es dieser blinde Bettler getan hat. Du sollst dich selbst nicht aufgeben. Du hast das Recht, um Erbarmen zu schreien. Du wirst gehört, wenn du dich Jesus gegenüber bemerkbar machst. Das Zweite, was der Blinde tut, ist, dass er seinen Mantel wegwirft, aufspringt und auf Jesus zugeht. Den Mantel wegwerfen, das heißt, dass du alle deine Masken und Rollen beiseitelässt. Du sollst dich so, wie du bist, nackt und bloß, Jesus hinhalten. Du darfst deine Angst zeigen, deine Hilflosigkeit, deine Ohnmacht. Du sollst dir keine Vorwürfe machen, wenn du kein Vertrauen hast. Erlaube dir, so zu sein, wie du bist. Aber steh auf, mach dich auf den Weg. Geh auf Jesus zu. Du bist nicht allein mit deiner Krankheit. Du hast einen, an den du dich wenden kannst.

Jesus fragt dich: »Was soll ich dir tun?« Was ist deine tiefste Sehnsucht? Was willst du wirklich? Willst du einfach gesund werden? Oder willst du dein Leben ändern? Spürst du, dass du anders leben möchtest als zuvor? Dass du bewusster und achtsamer sein möchtest, dass du dich nicht mehr hetzen und hassen möchtest? Frage dich, was du in der Tiefe deines Herzens möchtest, was Jesus dir tun soll. Was soll sich in dir wandeln?

Der Blinde weiß sofort, was er will. Er will wieder sehen können. In dieser Antwort steckt nicht nur der Wunsch, wieder so zu werden, wie er vor der Krankheit war. Vielmehr möchte er wirklich sehend werden, er möchte die Wirklichkeit so sehen lernen, wie sie eigentlich ist, wie sie von Gott her ist. Er möchte seine Augen nicht mehr vor sich und seiner Wahrheit verschließen. Er möchte auch die blinden Flecken anschauen, die er so lange vor sich verborgen hat. Er möchte mit offenen Augen durch diese Welt gehen, mit Augen, die die Schönheit Gottes wahrnehmen. Mit Augen, die das Gute im Menschen sehen, die aber auch seine tiefste Sehnsucht erkennen. Mit Augen, die Gott in allem schauen.

Jesus sagt zu dem Blinden: »Geh! Dein Glaube hat dir geholfen.« Wenn du glaubst, siehst du jetzt schon mit anderen Augen auf dein Leben und auf diese Welt. Die Krankheit will dich lehren, mit neuen Augen zu sehen. Wenn du deine Blindheit aufgibst und sehen lernst, dann bist du jetzt schon heil und gesund, ganz gleich, ob du nun von deiner Krankheit geheilt wirst oder nicht. Ich wünsche dir, dass du in der Begegnung mit Jesus das Geheimnis in allen Dingen sehen lernst.

III.
Die Begleitung
kranker Menschen

Die Begleitung kranker Menschen ist zum einen die Aufgabe der Krankenhausseelsorge, zum anderen sind wir alle herausgefordert, Kranke zu besuchen und zu begleiten. In den letzten Jahrzehnten hat die Krankenhausseelsorge einen neuen Stellenwert in der christlichen Pastoral bekommen. Krankenhausseelsorger erfahren eine eigene Ausbildung. Sie wissen, dass es nicht genügt, nur einfach die Kranken zu besuchen und mit ihnen zu sprechen. Es braucht eine besondere Sensibilität, um ein Gespräch mit einem kranken Menschen zu führen. Denn die Situation des Kranken macht ihn auf der einen Seite offen für die Frage nach dem Sinn seines Lebens und nach Gott als dem letzten Ziel seines Weges. Auf der anderen Seite ist der Kranke sensibel und kann leicht verletzt werden, wenn der Gesprächspartner ihn vertröstet oder ihm vorschnell den Sinn seiner Krankheit aufzeigen möchte. Ein Kranker spürt genau, ob sich der andere wirklich seiner Krankheit stellt und sich auf ihn persönlich in seiner Situation einlässt oder aber ob er sich eine Theorie macht und die Theorie zwischen sich und den Kranken stellt. So eine Theorie kann in frommen Worten bestehen, die man dem Kranken sagt, um sich nicht auf seine Verzweiflung und Not einlassen zu müssen.

Manche fromme Worte sind wie eine Soße, die man über die Not des Kranken schüttet, weil man nicht bereit ist, sich auf diesen konkreten Kranken einzulassen. Man will mit frommen Worten dem Leid aus dem Weg gehen, anstatt es zu lindern. Doch Krankenhausseelsorge soll sich wirklich um die Seele des Kranken sorgen und sich nicht mit frommen Worten begnügen, die am Kranken vorbeigehen.

1. Dem Kranken die Wahrheit sagen

Wir dürfen die Sorge um die Kranken aber nicht nur den Krankenhausseelsorgern überlassen. Es ist unser aller Aufgabe. Zunächst ist es die Aufgabe der Angehörigen. Da machen die Seelsorger die unterschiedlichsten Erfahrungen. Es gibt Angehörige, die ihre Verwandten im Krankenhaus besuchen und sich Zeit lassen für Gespräche. Sie reden nicht nur über Oberflächliches, sondern hören genau hin, was die Kranken ihnen sagen möchten. Andere kommen zwar oft, aber sie weichen dem Thema Krankheit aus. Sie erzählen, was daheim geschehen ist. Sie befriedigen die Neugier des Kranken, aber nicht seine Sehnsucht nach wirklicher Begegnung. Andere haben Angst, den Schwerkranken zu besuchen. Sie wollen nicht mit dem Thema der Krankheit konfrontiert werden. Sie werden verunsichert durch die Krankheit des Verwandten oder des Freundes.

Viele Angehörige wissen nicht, ob sie dem Kranken die Wahrheit über die Schwere seiner Krankheit sagen sollen oder ob es besser ist, ihn nur dazu zu ermutigen, voller Hoffnung gegen die Krankheit zu kämpfen. Wir dürfen dem Kranken nie die Hoffnung nehmen. Aber es ist auch gut, wenn wir ihm einen Raum anbieten, in dem er selbst über seine Krankheit sprechen kann. Wir dürfen ihm nicht die Wahrheit um die

Ohren schlagen und einfach nüchtern sagen, wie es um ihn steht. Aber wir dürfen die Wahrheit auch nicht überspringen und den Kranken mit leeren Versprechungen vertrösten. Der Kranke ahnt ja von sich aus, wie es um ihn steht. Er möchte Aufklärung, er möchte eine Deutung des Arztes für seine Krankheit haben. Er möchte die Wahrheit erfahren.

Vor ein paar Jahren habe ich vor Ärzten einen Vortrag gehalten über »Wahrheit und Wahrhaftigkeit am Krankenbett«. Ärzte erzählten mir, dass die Angehörigen den Ärzten verbieten, den Kranken ehrlich zu sagen, wie es um sie steht. Sie haben Angst, die Kranken könnten mit der Wahrheit nicht gut umgehen und alle Hoffnung verlieren. Doch mit dieser Angst, über den Ernst der Krankheit und den drohenden Tod zu sprechen, nehmen sie den Kranken die Möglichkeit, sich von den Angehörigen zu verabschieden. Die Kranken spüren, wie es um sie steht. Aber sie müssen das Spiel der Angehörigen mitspielen und so tun, als ob sie bald wieder gesund würden. Sie möchten viel lieber tiefere Gespräche führen. Sie möchten den Angehörigen nochmals sagen, was ihnen in ihrem Leben wichtig ist. Sie möchten sie um Vergebung bitten, wenn sie sie verletzt haben. Und sie möchten ihnen danken für das, was sie ihnen geschenkt haben. Die Angehörigen selbst nehmen sich die Möglichkeit, sich von den Kranken zu verabschieden, ihnen zu danken und ihnen zu versprechen, dass sie für sie beten und sie bis zuletzt begleiten werden. Sie haben keine Gelegenheit, dem Kranken zu sagen, dass sie dankbar sind für jeden Augenblick, den sie mit ihm verbringen dürfen. Wenn der Kranke dann stirbt, fallen die Angehörigen in ein Loch. Sie haben Schuldgefühle, weil sie eine große Chance verpasst haben: die Chance, dem Kranken intensiv zu begegnen und mit ihm über das zu sprechen, was jeden in seinem Herzen berührt.

Ein Arzt erklärte mir: »Ich sage dem Kranken die Wahrheit. Aber mit der Wahrheit versuche ich ihm Hoffnung zu vermitteln. Hoffnung ist etwas anderes als Erwartung. Erwartung würde heißen: Du wirst nächste Woche wieder gesund. Hoffnung bedeutet: Wir dürfen immer auf ein Wunder der Heilung hoffen. Wir wissen nie genau, wie lange jemand noch leben wird. Es bedeutet aber vor allem, dem Kranken Hoffnung auf eine wertvolle Zeit zu vermitteln. Die Zeit, die uns bleibt, ist immer begrenzt. Aber gerade wenn wir um die Begrenzung der Zeit wissen, können wir die uns verbleibende Zeit als wertvolle erleben, als Zeit, in der wir mit den Angehörigen und Freunden über die wesentlichen Dinge sprechen, über das, was unser Leben wirklich ausmacht. Wir können wertvolle Begegnungen erleben, wenn wir uns dem anderen ganz öffnen. Und Hoffnung heißt: Wir Ärzte und Krankenpfleger werden dir die Zeit wertvoll machen. Du bist es uns wert, dass wir uns um dich kümmern, dass wir deine Würde achten.«

Im Gespräch mit dem Arzt wurde mir deutlich: Wir sollen dem Kranken die Wahrheit sagen, aber wir dürfen ihm die Wahrheit nicht einfach ohne jede Emotion hinwerfen. Ich kann dem anderen nur die Wahrheit sagen, wenn ich in Beziehung zu ihm bin. Das lateinische Wort für Wahrheit – »veritas« – hat auch mit Vertrauen und Freundlichkeit zu tun. Nur dort, wo ich eine vertrauensvolle Beziehung aufgebaut habe, wo ich dem anderen freundlich begegne, kann ich mit dem Patienten über die Wahrheit seiner Krankheit sprechen.

Manchmal möchten die Kranken die Wahrheit gar nicht wissen. Sie haben Angst davor, sich untersuchen zu lassen.

Manchmal sagen sie, sie hätten Angst vor den Schmerzen während der Untersuchung. Doch wenn man mit ihnen darüber spricht, dass man ja etwas gegen die Schmerzen tun kann, dann bekennen sie irgendwann einmal: »Ich habe Angst vor dem Ergebnis der Untersuchung.« Sie ahnen, wie schwer ihre Krankheit sein könnte. Aber sie möchten es nicht wissen. Aber wenn sie sich nicht der Untersuchung stellen, wird die Angst nur noch größer. Man kann sie eine Zeitlang verdrängen. Doch dann bricht sie umso stärker hervor.

Daher ist es Aufgabe des geistlichen Begleiters, mit dem Kranken über seine Angst zu sprechen. Die Angst darf sein. Aber wenn ich die Angst zu Ende denke, was geschieht dann? Wenn meine Krankheit wirklich zum Tod führen kann, wie geht es mir dann? Dann stelle ich mich meiner Endlichkeit. Und ich fühle mich trotzdem in meiner Angst von Gott getragen. Ich darf Gott meine Angst hinhalten – und zugleich meine Hoffnung, dass er auch meine schwere Krankheit zu heilen vermag, dass es immer das Wunder der Heilung gibt. Und ich bitte Gott darum, dass er mir in meiner Krankheit Halt gibt. Dann fühle ich mich in jeder Situation von Gottes Liebe getragen.

Der geistliche Begleiter soll die Angst des Kranken nicht beschwichtigen. Vielmehr soll er seine Angst ernst nehmen. Er selbst darf nicht vor der Krankheit erschrecken. Dann vermag er mit dem Kranken ruhig über seine Angst zu sprechen und mit ihm alle Befürchtungen durchzugehen. Was wäre, wenn ich schwer krank bin? Wie könnte ich damit umgehen? Was würde ich dann für Schritte unternehmen? Was würde ich meinen Angehörigen gerne sagen? Welche Spur möchte ich in den letzten Wochen und Monaten meines Lebens noch in diese Welt eingraben? Was möchte ich von Gott erbitten? Was sollte Gott mir und den Menschen meiner Umgebung schenken? Durch solch ruhiges Fragen und Besprechen wird der Patient fähig, sich seiner Angst zu stellen und durch die Angst hindurch Ruhe, Frieden und Hoffnung in sich zu spüren.

2. Kranke besuchen

Wir können kranke Menschen nur dann angemessen begleiten, wenn wir uns mit dem eigenen Kranksein beschäftigen und wenn wir einen Weg gefunden haben, die eigene Krankheit geistlich zu bewältigen. Jesus hat uns aufgefordert, Kranke zu besuchen. In seiner Gerichtsrede sagt er: »Ich war krank, und ihr habt mich besucht« (Matthäus 25,36).

Doch was bedeutet es, den Kranken zu besuchen? Besuchen kommt im Deutschen von suchen. Ich suche intensiv nach dem anderen. Ich suche, um herauszufinden, wo er steht. Besuchen meint also im Deutschen ein Interesse am anderen haben. Ich mache mich auf die Suche, um ihn wirklich zu finden. Im Griechischen (episkeptomai) und Lateinischen (visitare) liegt der Akzent auf dem Sehen, dem Hinsehen. Wenn ich jemanden besuche, dann schaue ich ihn mir genau an. Ich betrachte ihn nicht nur äußerlich, sondern ich versuche, in ihn hineinzuschauen, mich in ihn hineinzumeditieren. Ich frage mich, was ihn bewegt, wie es ihm wirklich geht. Ich habe Interesse an ihm. Ich schaue, um die Wahrheit zu sehen. Viele Besucher wollen gar nicht sehen, wie es dem anderen wirklich geht. Sie haben Angst, seiner Wahrheit ins Auge zu schauen. Denn dann müssten sie ja auch die eigene Wahrheit anschauen. Sie machen sich nicht wirklich auf die Suche. Sie meinen, sie wüssten schon alles vom anderen. Oder aber sie wollen gar nicht so viel wissen, weil sie sich nicht wirklich auf ihn einlassen wollen.

Viele tun sich schwer, kranke Angehörige zu besuchen. Sie fühlen sich verunsichert durch die Krankheit des Bruders oder der Schwester. Sie wissen nicht, was sie dem Kranken sagen sollen. Doch es ist nicht hilfreich, sich selbst unter Druck zu setzen, um dem Kranken möglichst tröstende Worte zu sagen. Beim Krankenbesuch geht es vielmehr darum, dem Kranken die Möglichkeit zu geben, über seine Krankheit zu sprechen, über seine Ängste und Hoffnungen zu sprechen. Dabei wird nicht nur seine Krankheit zur Sprache kommen, sondern auch sein Leben mit all den unbewältigten Problemen, mit seinen Nöten und Konflikten. Dabei geht es nicht darum, zu bewerten, was der Kranke erzählt, sondern einfach wertzuschätzen, dass da jemand sein Leben erzählt, auch wenn es nicht gelungen zu sein scheint. Wir können beim Erzählen nachfragen, vor allem nach den Gefühlen fragen oder die Gefühle bestätigen, die wir beim Erzählen wahrnehmen.

Wir sollten den Kranken nicht belehren, sondern einfach hören, wie es ihm geht. Manchmal staunen wir darüber, dass der Kranke sich mit seiner Krankheit ausgesöhnt hat. Dann geht Frieden von ihm aus, und wir sprechen gerne mit ihm. Manchmal spüren wir auch Bitterkeit oder Rebellion. Auch diese sollten wir ernst nehmen. Wir können dann über die Rebellion sprechen, ermutigen und den Kampfgeist des Kranken stärken. Und wir können den Kranken danach fragen, was ihm selbst hilft, die Krankheit zu tragen, oder was ihm Vertrauen gibt, die Krankheit gut zu überstehen. Wir können mit ihm darüber sprechen, welchen Sinn er in seiner Krankheit sieht. Oder ob sie für ihn völlig sinnlos und deshalb schwer anzunehmen ist. In diesem Fall sollten wir den Kranken auch nicht auffordern, die Krankheit anzunehmen, sondern ihn einfach erzählen lassen. Wir können ihm Mut zusprechen, dass er die Krankheit gut durchstehen und durch sie wichtige Erfahrungen machen wird. Aber wir sollten nicht von außen her versuchen, dem Kranken einen Sinn in seiner Krankheit aufzuzeigen.

Zunächst müssen wir die Sinnlosigkeit der Krankheit aushalten. Dann können wir mit dem Kranken überlegen, wie er mit seiner Krankheit umgeht, ob er selbst einen Sinn darin sehen kann.

Reinhold Schneider, der selbst sehr an seiner Krankheit litt, hat im Jahre 1958 im Rundfunk einen Vortrag über das sechste Werk der Barmherzigkeit – Kranke besuchen – gehalten. Darin sagt er: »Mit der Erkrankung also ereignet sich in verschiedenen Graden etwas Geheimnisvolles. Ein Rätsel ist in jeder Krankheit beschlossen. Das verleiht dem Kranken eine Art Würde. Das Krankenzimmer ist ein geweihter Ort.« Weil im Kranken ein Geheimnis ist, wird der Besucher vom Kranken etwas empfangen. Er begegnet in ihm dem Geheimnis des Menschseins und der Erlösung. Reinhold Schneider weiß aus eigener Erfahrung, dass gute Ratschläge des Besuchers den Kranken nur verletzen und dass die gut gemeinten Blumensträuße oft die ganz andere Welt, in der der Kranke lebt, verfehlen. Als Kranker hat er vor allem die Vögel als willkommene Besucher am Krankenbett erfahren. Wenn das Fenster offen war und die Vögel gesungen haben, war das für ihn der liebste Besuch. Die Tiere – so meint Schneider – haben »eine eigentümliche Beziehung zum leidenden Dasein«. Vom Menschen erwartet der Kranke vor allem auch unser Gebet: »So manche Hoffnung ist es, dass nicht wir ihn besuchen, sondern unser Gebet, vor allem in der Nacht, den langen, langen Stunden ohne Verheißung! Sie sind wie ein Untersinken von Tiefe zu Tiefe. Und doch kann es der Kranke empfinden, dass wir den Arzt der Welt bitten, ihn zu besuchen. Und dann kann es geschehen, dass Gottes Herrlichkeit an ihm offenbar wird.«

Jesus identifiziert sich mit dem Kranken. Im Kranken begegnen wir Christus selbst. Das heißt: Wir sollen im Kranken Christus erkennen. Der Kranke ist nicht nur der, dem wir dienen, sondern auch der, von dem wir lernen können, in dem uns Christus selbst begegnet. Jesus hat diese Worte dem König der Gerichtsrede in den Mund gelegt. Das bedeutet: Wir begegnen im Kranken einem königlichen Menschen. Wir sollen seine Würde achten in der Art und Weise, wie wir mit ihm sprechen. Und wir sollen ihn durch unseren Besuch aufrichten, damit er seine Würde als König oder Königin entdeckt.

Im Gespräch mit dem Kranken braucht es ein feines Gespür für das, was der Kranke sagen möchte. Ich soll seine Krankheit nicht deuten, sondern hinhören, was er von sich erzählen möchte. Ich kann vorsichtig fragen, wie es ihm mit der Krankheit geht. Aber ich lasse ihm die Freiheit, das zu erzählen, was er sagen möchte. Es ist ein Unterschied, wen ich besuche. Die Krankheit eines nahen Verwandten oder Freundes wird mich als Besucher viel tiefer berühren, weil sie meine Beziehung zu ihm verändert. Wenn ich einen Kranken besuche, weil er zu meiner Pfarrgemeinde oder zu meiner Firma gehört, dann hat der Krankenbesuch eine andere Qualität. Ich bin nicht so unmittelbar durch seine Krankheit betroffen. Aber trotzdem kann auch ein solcher Besuch eine neue Nähe zum Kranken entstehen lassen. Vielleicht habe ich diesen Menschen in der Pfarrei oder in der Firma gar nicht wirklich wahrgenommen. Jetzt komme ich ihm persönlich nahe. Ich spüre, wonach er sich sehnt und worunter er leidet.

3. Die Pflege kranker Angehöriger

Wenn ein naher Verwandter krank wird, sind wir persönlich betroffen: Wenn Vater oder Mutter schwer erkranken, taucht in uns die Angst auf, sie könnten uns verlassen. Wenn ein Bruder oder eine Schwester krank wird, erinnert das uns daran, dass wir ja im gleichen Alter stehen. Auch uns könnte diese Krankheit treffen. So bringt uns die Krankheit unserer Eltern und Geschwister in Berührung mit den Fragen über unser eigenes Leben: Wer bin ich, wenn die Eltern sterben? Was gibt mir dann Halt? Ich bin dann gefragt, für andere Vater oder Mutter zu werden. Und die Krankheit der Eltern stellt mich vor die Aufgabe, meine Geschichte mit ihnen anzuschauen und mich dort, wo es noch alte Verletzungen oder Missverständnisse gibt, mit ihnen auszusöhnen. Die Krankheit meiner Geschwister ist die Anfrage an mich: Habe ich bisher richtig gelebt? Was soll ich in meinem Leben ändern, wenn es so begrenzt ist? Habe ich Krankheit und Tod einfach aus meinem Leben verdrängt? Stimmen meine Maßstäbe noch, nach denen ich lebe?

Eine andere Weise, mit Kranken umzugehen, ist die Pflege kranker Angehöriger, die sich selbst nicht mehr helfen können. Vor allem die Pflege dementer Angehöriger kann für die Familie eine große Herausforderung sein. Gerade bei dementen Menschen ist es gut, sich immer wieder daran zu erinnern, dass wir in ihnen Christus begegnen, dass sie eine königliche Würde haben, auch wenn sich ihre Seele zurückgezogen hat und sie nichts mehr mitbekommen. Doch bei der Pflege Demenzkranker braucht es auch eine gute Selbstsorge. Zum ersten dürfen die pflegenden Angehörigen das manchmal schwierige Verhalten, die bisweilen auch verletzenden Worte nicht persönlich auf sich beziehen. Sie brauchen die Position des Beobachters. Ich nehme wahr, wie der Kranke sich verhält. Aber ich nehme es nicht als Kritik oder Angriff auf mich. Doch ich nehme auch meine Gefühle wahr. Wenn ich in mir Aggressionen und Empfindlichkeit und Widerwillen spüre, dann ist dies ein Zeichen, dass ich gut für mich sorgen muss. Ich brauche mehr inneren und äußeren Abstand. Zuerst kann ich meine Einstellung ändern. Wenn ich mich aber dennoch überfordert fühle, dann braucht es auch eine organisatorische Veränderung. Ich überlege, wie ich die Pflege so organisieren kann, dass es für den Kranken gut ist, aber auch für mich und alle Pflegenden.

4. Die Begleitung Sterbender

In den letzten Jahren hat sich die Hospizbewegung große Verdienste darin erworben, sterbende Menschen zu begleiten. Die Hospizbewegung hat den Tod aus der Verdrängung befreit. Sie hat erkannt, dass es der menschlichen Gesellschaft nicht guttut, den Tod zu verdrängen. Die Mitarbeiter der Hospizbewegung stellen sich dem Tod, sie lassen die Sterbenden nicht allein. Sie haben den Mut, den Sterbenden beizustehen, auch wenn sie verzweifelt sind, aggressiv sind, sich gegen das Sterben aufbäumen und von Gott und frommen Worten nichts wissen wollen. Die Begleiter von der Hospizbewegung wollen die Angehörigen nicht von der Seite der Kranken verdrängen. Sie unterstützen die Angehörigen, wenn sie überfordert sind. Und oft genug helfen sie den Angehörigen, sich dem Sterbeprozess ihrer Angehörigen auszusetzen. Denn viele Angehörige sind hilflos, wenn ihre Mutter oder ihr Vater oder ein Kind stirbt. Sie haben in sich die Tendenz, dem Tod auszuweichen. Sie haben Angst, mit dem Sterben konfrontiert zu werden. Oft haben sie noch nie einen Menschen beim Sterben begleitet. So sind sie neben aller Trauer auch unruhig und besorgt angesichts dessen, was da geschehen wird. Die Hospizbegleiter ermutigen die Angehörigen, einfach beim Sterbenden zu bleiben, mit ihm zu sprechen oder seine Hand zu halten. Sie vermitteln ihnen, dass sie selbst beschenkt werden, wenn sie den Sterbenden begleiten, dass sie die Beziehung zum Sterbenden vertiefen können. Und für die Angehörigen ist die Begleitung ihrer engen Verwandten, vor allem der Eltern, oft eine Chance, Versöhnung zu erfahren. Möglicherweise war die Beziehung zu den Eltern nicht so gut. Doch im Sterben werden die Eltern oft weicher. Und manchmal trauen sie sich, das Wort zu sagen, auf das die Tochter, der Sohn immer gewartet hat: »Ich habe dich immer geliebt. Ich war immer stolz auf dich.«

Die Begleiter können die Angehörigen auf die Chancen hinweisen, die darin liegen, beim Sterbenden auszuharren und ihm noch die Worte zu sagen, die man sich während des

Lebens oft nicht auszusprechen getraut hat: Worte der Liebe, der Wertschätzung, der Versöhnung.

Es genügt nicht, nur voller Mitleid bei den Sterbenden auszuhalten und sie in ihrem Sterben nicht allein zu lassen. Es braucht auch ein gutes Gespür für das, was im Sterben bei den Menschen geschieht. Es braucht ein Wissen um die Nöte und Kämpfe, die ein Sterbender zu bestehen hat. Und es braucht eine Offenheit für die Bilder, die dabei auftauchen. All diese Bilder und Reaktionen des Sterbenden müssen ernst genommen werden. Den Sterbenden nur zu beruhigen, dass alles nicht so schlimm sei, hilft nicht weiter. Der Begleiter kann den Sterbenden nur dann gut begleiten, wenn er sich mit seinem eigenen Sterben auseinandersetzt. Der Tod eines Menschen erinnert uns immer auch an das eigene Sterben. So stellt der Sterbende die Frage an uns: Wie wird es mir gehen, wenn ich einmal sterbe? Wer bin ich, wenn mein Leben endlich ist? Wie relativiert das Sterben mein Leben und die Maßstäbe meines Lebens? Was wird wohl bei mir hochkommen, wenn ich die Kontrolle aus der Hand gebe? Was ist hinter meiner Fassade der Anständigkeit und Korrektheit an Schattenseiten? Wenn sich der Begleiter seinem eigenen Tod stellt, wird er offen für das, was der Sterbende ihm zeigt. Er verabschiedet sich von vorgefertigten Bildern vom Sterben, von seinen Erwartungen, wie der geliebte Mensch sterben soll. Er lässt sich auf das ein, was er beobachtet. Er ist bereit, mit dem Sterbenden durch all die Nöte und Kämpfe mitzugehen, die er gerade erlebt.

Jeder Sterbeprozess ist ein Geheimnis. Wir haben selbst keine Garantie, wie er bei uns ablaufen wird. Daher braucht es auch den Verzicht auf alles Werten und Bewerten. Der Begleiter ist einfach da, hört auf das, was der Sterbende ihm sagt, und lässt sich darauf ein. Er soll sich befreien von dem Druck, er müsse den Sterbenden auf die wesentlichen Fragen vorbereiten. Wenn es für den Sterbenden dran ist, dann wird er schon Signale geben, dass er um sein nahes Ende weiß. Wenn er es aber verdrängt, muss ich ihn nicht gewaltsam darauf stoßen, dass er nur noch kurze Zeit zu leben hat. Ich sollte vielmehr versuchen, den anderen zu verstehen. Warum verdrängt er den Tod? Warum kann er noch nicht daran denken, loszulassen? Muss er noch etwas in Ordnung bringen? Hängt er noch zu sehr am Leben? Der Begleiter ist nicht der Lehrer des Sterbenden, sondern einer, der sich hineinhorcht in das Geheimnis seines Lebens und seines Sterbens. Je vorurteilsloser und empathischer das geschieht, desto mehr wird sich der Sterbende öffnen und die Fragen ansprechen, die ihn wirklich bewegen. Dabei spürt der Begleiter, dass er dem Sterbenden gegenüber ehrlich und authentisch sein muss. Die Psychologen Anne-Marie und Rainer Tausch schreiben dazu: »Gerade der sterbende Mensch nimmt sehr sensibel wahr, ob wir uns hinter einer Maske verstecken oder ob wir uns von seiner Not betroffen machen lassen und uns mit unserem ›Sein‹ auf ihn einlassen.«

Aber nicht nur der Sterbende nimmt wahr, ob wir vor ihm authentisch sind. Der Begleiter selbst spürt auch oft, was im Sterbenden vor sich geht. Manchmal fühlt er einen tiefen Frieden bei der Begleitung. Da spürt er, dass von dem Sterbenden Liebe und Frieden ausgehen. Aber manchmal fühlt sich der Begleiter in der Nähe des Sterbenden körperlich und seelisch unwohl. Dann sollte er auf seine innere Wahrnehmung hören. Oft drückt sie aus, dass im Sterbenden noch viel unerlöst ist, dass er sich noch nicht seiner Wahrheit stellt. Ich sollte dabei meine Empfindungen ernst nehmen, aber zugleich darf ich nicht bewerten. Ich muss dem Sterbenden den Raum und die Zeit zugestehen, durch all das Unerlöste zu gehen, um in den Frieden zu gelangen. Monika Renz hat bei der Begleitung die Erkenntnis gewonnen: »Die Atmosphäre lügt nicht.« Es hilft dem Sterbenden nicht, über meine Gefühle, die der Sterbende bei mir auslöst, hinwegzusehen: »Im Hinwegsehen über sein Umgetriebensein und dessen Hintergründe erweise ich dem Sterbenden keinen Dienst. Der Versuch, Themen zu umschiffen, verlängert häufig den Sterbeprozess und damit das Leiden des Sterbenden.« So geht es in der Begleitung Sterbender darum, gut auf das zu hören und zu achten, was der Sterbende sagt und ausstrahlt, zugleich aber auch auf die eigenen Gefühle zu hören. Diese weisen oft auf das hin, was im Sterbenden vor sich geht, was er aber selbst nicht auszudrücken vermag.

5. Begleitung durch Rituale

Eine wichtige Form der Begleitung sind die Rituale. Ich frage den Kranken am Ende des Gespräches, ob ich für ihn beten darf oder ob wir gemeinsam beten können. Ich darf ihm das Gebet nicht aufdrängen. Aber viele sind dankbar, wenn wir ihnen anbieten, für sie und mit ihnen zu beten. Wir können persönlich beten oder aber Gebete sprechen, die dem Kranken vertraut sind, wie etwa das Vaterunser oder bestimmte Psalmen. Wenn es die Atmosphäre erlaubt, kann ich den Kranken auch fragen, ob er ein bestimmtes Lied wünscht, das ich ihm vorsinge oder das wir gemeinsam singen. Gerade alte Menschen erinnern sich gerne an die Lieder, die sie früher gesungen haben, in denen sie sich daheimgefühlt haben.

Oder ich frage den Kranken, ob ich ihn segnen darf. Und dann lege ich ihm die Hände auf und bete entweder schweigend für ihn oder in persönlichen Worten. Gerade die Berührung tut dem Kranken gut. Weil er in der Krankheit sehr sensibel und offen ist, berühren ihn die Segensworte oft tief. Aber es bedarf großer Achtsamkeit, um Worte zu sprechen, die für den Kranken stimmen. Wenn die Worte zu pathetisch oder zu salbungsvoll klingen, tun sie dem Kranken nicht gut.

Zum Abschluss des Besuches kann ich dem Kranken entweder einen kleinen Engel geben, den er in die Hand nehmen kann, um sich daran zu erinnern, dass der Engel bei ihm ist. Oder ich gebe ihm ein Kreuz. Wenn er das Kreuz in die Hand nimmt, spürt er, dass er nicht allein ist mit seinem Leid, sondern dass Christus mit ihm ist. Manche Kranke bitten darum, das Kreuz oder den Engel zu segnen. Dann erinnert sie der Engel oder das Kreuz daran, dass Gottes Segen bei ihnen ist.

Eine Frau mit einem gefährlichen Gehirntumor, der die Ärzte nur noch sehr kurze Lebenszeit prognostiziert hatten, bat mich, ihr kleines Handkreuz zu segnen. Sie nimmt jeden Abend dieses Kreuz in die Hand. Und wenn sie morgens aufwacht, hält sie das Kreuz immer noch in der Hand. Das hat sie jetzt vier Jahre lang so gemacht. Sie hat sich am Kreuz festgehalten. Und sie hat im Kreuz den heilenden Segen Gottes gespürt. Und sie vertraut darauf, dass Gottes Segen sie dazu befähigt hat, der Krankheit so lange standzuhalten.

Ein gutes Ritual ist es auch, den Kranken unter verschiedenen Segenskarten für Kranke eine Karte ziehen zu lassen und ihn zu bitten, diese Karte laut vorzulesen. Wenn er die Karte zieht, hat er den Eindruck, dass er genau den Text zieht, den Gott ihm in diesem Augenblick zusprechen möchte. Und indem er das Segensgebet laut vorliest, sieht er seine Krankheit auf einmal anders. Er spricht Worte, die er sonst von sich aus nicht sprechen würde. Und doch sind es seine Worte, die jetzt seine Krankheit in ein anderes Licht stellen und sie verwandeln.

Ein anderes Ritual wäre, dem Kranken ein kleines Buch über das Kranksein zu schenken, damit er sich allein noch mehr mit seinem Kranksein auseinandersetzen und es unter den Segen Gottes stellen kann.

In der katholischen Kirche haben wir die Krankensalbung als das Sakrament und Ritual, das die spirituelle Begleitung des Kranken am intensivsten zum Ausdruck bringt. Das Sakrament der Krankensalbung geht auf den Jakobusbrief zurück. Dort schreibt Jakobus: »Ist einer von euch krank? Dann rufe er die Ältesten der Gemeinde zu sich; sie sollen Gebete über ihn sprechen und ihn im Namen des Herrn mit Öl salben. Das gläubige Gebet wird den Kranken retten, und der Herr wird ihn aufrichten« (Jakobus 5,14f). Jakobus ist überzeugt, dass beim Gebet für den Kranken Christus selbst anwesend ist. Christus wird den Kranken retten. Das griechische Wort »sozein« meint: heilen, retten und bewahren. Jesus wird den Kranken heilen. Ob das sich auch in körperlicher Heilung ausdrückt oder nicht, ist seine Sache. Wir dürfen um beides beten: um die Heilung des Leibes und um die Heilung der Seele. Bewahren meint, dass Jesus mitten in der Krankheit den innersten Personkern bewahrt und beschützt. Und Jesus wird ihn aufrichten. Der Kranke, der ans Bett gefesselt ist, wird seelisch und manchmal auch körperlich aufgerichtet.

Wir können die Krankensalbung gemeinsam mit den Angehörigen feiern. Dann ist es nicht nur eine Feier für den Kranken, sondern auch für die Angehörigen. Und dieses Ritual würdigt den Kranken, stellt ihn in die Mitte, schenkt ihm die Zuwendung seiner Angehörigen. Das tut ihm gut. Ich möchte ein Beispiel erzählen: Eine Angestellte unseres Klosters hatte Darmkrebs. Sie wusste, dass sie bald sterben würde. Sie bat mich, ihr daheim in ihrer Wohnung die Krankensalbung zu spenden. Ihre drei Kinder, eine Tochter und zwei Söhne, ihr Mann und ein paar Freunde waren dabei. Wir begannen das Ritual, indem ich alle einlud, die Hand auf den Kopf oder die Schulter der Frau zu legen und schweigend für sie zu beten. Da spürte die Frau die Liebe ihrer Familie und Freunde. Sie wurde jetzt zum Mittelpunkt der Familie. Alle zeigten ihr durch die Berührung ihre Liebe und ihre Fürbitte.

Bei diesem Ritual ist es wichtig, schweigend zu beten. Denn zu fromme Worte können die Kranke in ihrer empfindlichen Situation verletzen. Sie überspringen oft die Krankheit.

Nach der Fürbitte las ich einen Bibeltext und legte ihn aus. Schließlich salbte ich die Hände der Kranken mit Öl und sprach dazu die Worte: »Im Öl möge die Liebe Gottes dich in deiner Krankheit stärken. Die Liebe Gottes möge dich so sanft berühren wie das duftende Öl.« Die Frau hielt dann die gesalbten Hände vor sich hin, und ich bat die Angehörigen, in diese gesalbten Hände mit dem Daumen ein Kreuz zu zeichnen und ihr einen Segenswunsch hineinzusprechen. Die beiden Söhne – zwanzig und zweiundzwanzig Jahre alt – wussten, dass die Mutter bald sterben würde. Aber sie hatten die Krankheit und das Sterben nie ihrer Mutter gegenüber angesprochen. Bei diesem Ritual jedoch konnten sie sehr persönlich der Mutter für alles danken und ihr wünschen, dass sie auf dem letzten Weg behütet sein und von Gottes Engel auf dem Weg über die Schwelle in Gottes Liebe hinein begleitet werden möge. Da ist eine neue Beziehung zwischen Mutter und Söhnen gewachsen. Die Söhne konnten Worte sagen, die sie sonst nie im Leben gesagt hätten. So ist das Ritual ein Ort, an dem wir unsere Gefühle auf neue Weise ausdrücken können. Auf diese Weise entsteht eine tiefe innere Beziehung zwischen dem Kranken und den Angehörigen, die das Ritual mit vollziehen.

In der Krankensalbung begegnet Christus dem Kranken, um ihm am Geheimnis seines Lebens Anteil zu schenken. Da berührt Christus den Kranken als der Arzt, der unsere Wunden zu heilen vermag. Da hält Christus seine liebende Hand über uns, damit wir uns im Schutzraum seiner Liebe einüben in das Geheimnis von Leben und Tod, in das Geheimnis von Christi Tod und Auferstehung. Die Liebe Christi hüllt den Kranken ein wie ein schützender Mantel. Der Kranke fühlt sich ganz und gar von Christi Liebe umgeben. Das verwandelt seine Angst vor der Krankheit und gibt ihm das Gefühl, mitten in seiner Krankheit eine besondere Nähe zu Christus zu spüren und von ihm getragen und geliebt zu sein.

Schluss

Kranke Menschen zu besuchen und sie zu begleiten, gehört zu den sieben Werken der Barmherzigkeit, die Jesus uns Christen aufgetragen hat. Wir können im Geist Jesu dieses Werk der Barmherzigkeit am Kranken nur dann erfüllen, wenn wir uns selbst mit der Krankheit auseinandersetzen. Es geht darum, die Krankheit zu verstehen und sie im Licht christlicher Tradition zu deuten.

Und wir sollten uns fragen, wie wir selbst spirituell mit der Krankheit umgehen würden, was uns helfen könnte in dieser Situation. Wenn wir uns in die Situation des Kranken versetzen, dann werden wir uns vor allzu leichtfertigen Worten der Vertröstung oder Beschwichtigung hüten. Wir werden erst gut hinhören, was der Kranke uns zu erzählen hat. Und dann können wir im Hören auf den Kranken und im Hören auf unsere eigenen inneren Gefühle, die die Krankheit des anderen bei uns auslöst, Worte finden, die dem Kranken guttun, und Rituale mit ihm vollziehen, die ihm Hoffnung und Trost spenden und die uns auf neue Weise miteinander verbinden. Dann können wir als Begleiter vom Kranken beschenkt werden. Denn wir erfahren mit ihm auf einmal eine neue Nähe. Und wir spüren, dass wir durch die Nähe zum Kranken uns selbst und unserer inneren Wahrheit näher kommen.

So werden wir als Begleiter nicht nur für den Kranken zum Segen. Vielmehr erfahren auch wir durch den Kranken Segen. Und wir stellen uns und den Kranken unter den gemeinsamen Segen Gottes, dessen Liebe uns auf neue Weise miteinander verbindet, über die Gefährdung durch die Krankheit und über den Tod hinaus.

In der Begleitung kranker Menschen erfahren wir, was wir in der Eucharistie feiern: Die Liebe ist stärker als der Tod.

Segenskarten
für Kranke

1.

Du bist krank geworden. Die Krankheit reißt dich aus deinem gewohnten Leben heraus. Sie verunsichert dich. Du weißt nicht, woher sie kommt und was Gott dir damit sagen möchte.

Gottes Segen begleite dich in deiner Krankheit. Gottes Segen erfülle dich mit der heilenden Kraft des Heiligen Geistes. Der Heilige Geist stärke dich und die heilenden Kräfte in deiner Seele und in deinem Leib. Gottes Segen sei für dich der Schutzraum, in dem du dich in deiner Krankheit geborgen fühlst. Und Gottes Segen sei wie eine liebende Hand, die dich trägt.

Lass dich in Gottes gute Hände fallen und vertraue darauf, dass Gottes Hände dich heilen. Gottes Segen begleite dich in deiner Krankheit, damit die Krankheit dich nicht von Gott wegführt, sondern dich immer mehr für die unbegreifliche Liebe Gottes aufbricht. Und Gottes Segen erfülle dich mit der Hoffnung, dass Gott dich heilt und dich durch die Krankheit immer mehr in Berührung bringt mit deinem inneren Kern, mit deinem wahren Selbst. Dieses wahre Selbst ist von der Krankheit nicht berührt.

Gottes Segen vermag selbst deine Krankheit in einen Segen zu verwandeln, sodass du dein Herz ganz und gar für Gott öffnest und so durchlässig wirst für Gottes Liebe. So segne und schütze dich in deiner Krankheit der gütige und barmherzige Gott, der Vater, der Sohn und der Heilige Geist. Amen.

2.

Barmherziger und guter Gott. Du allein weißt, wie es wirklich um mich steht. Du kennst mein Grübeln, warum mich diese Krankheit getroffen hat. Du kennst mein Klagen, meine Rebellion gegen diese Krankheit. Und du kennst meine Sehnsucht nach Heilung. Ich möchte wieder gesund werden. Ich möchte den Geschmack wirklichen Lebens wieder schmecken. Ich möchte mit meinen Angehörigen noch viele schöne Stunden erleben. Ich habe noch so viel vor.

Schau auf mich und meine Sehnsucht. Heile mich. Richte mich wieder auf! Sende mir deine heiligen Engel, dass sie sich um mich stellen, dass sie mich behüten und vor allem Unheil schützen.

Durchdringe meinen Leib mit deinem heiligen Geist. Lass deinen heiligen und heilenden Geist in alle Poren meines Leibes strömen und alles Kranke in mir vertreiben. Erfülle mich mit deinem Leben.

Nimm mir meine Angst, meine Unruhe, meine Beklommenheit. Erfülle mich mit deinem Vertrauen, dass ich mich in deiner guten Hand weiß, von dir getragen und geschützt. Schenke mir inneren Frieden, Versöhnung mit allem, was war.

Stärke mich in meiner Krankheit, dass ich durch sie hindurch zu dir finde, dem Ziel meiner Sehnsucht. Amen.

3.

Barmherziger und guter Gott, segne und behüte mich. Lass dein Angesicht über mir leuchten und schenke mir deinen Frieden. Sei mir gnädig. Lass in deiner Gnade deine Liebe in mich eindringen. Und schenke mir die Gnade der Genesung.

Sei du in mir als Licht, das alle Dunkelheit in mir erhellt.

Sei du in mir als die Kraft, die meine Schwäche verwandelt.

Sei du in mir als der Trost, der mich tröstet, der zu mir steht, der mir Halt gibt in meiner Unsicherheit.

Sei du in mir als die Quelle der Liebe, die nie versiegt.

Sei du vor mir als der Schild, der mich vor allem Unheil bewahrt.

Sei du hinter mir als mein Vater, der mir den Rücken stärkt.

Sei du unter mir als die Hand, die mich trägt.

Sei du über mir als ein schützendes Dach, das alles Bedrohliche von mir abhält.

Sei du in meiner Schwäche und in meiner Kraft, in meiner Ohnmacht und in meiner Stärke, in meiner Verzweiflung und in meiner Hoffnung, in meiner Angst und in meinem Vertrauen, in meiner Trauer und in meiner Freude.

Sei du mit mir, wohin mein Weg auch geht. Begleite mich auf meinen Wegen.

Durchdringe mein Herz mit deiner zärtlichen Liebe und hülle mich ein in deine Liebe, damit ich mich von deiner Liebe umgeben und geschützt weiß und spüre, dass deine Liebe in alle meine Wunden strömt und sie mit deiner heilenden Kraft erfüllt. Amen.

4.

Barmherziger Gott, du kennst meine Angst vor meiner Krankheit. Ich möchte nicht wahrhaben, wie schwer meine Krankheit ist. Ich möchte am liebsten die Augen vor der Wirklichkeit meiner Krankheit verschließen. Aber ich weiß, dass das nicht geht. Halte du mich zärtlich in deinen Händen. Wenn ich spüre, dass du mich liebevoll umarmst, dann kann ich in deinen Armen die Angst zulassen. Ich falle dann nicht in ein Loch. Ich bin von dir gehalten. Sende deinen Geist der Hoffnung in meine Angst, dass ich trotz aller Angst Hoffnung habe, dass die Zeit, die du mir schenkst, eine wertvolle Zeit ist. Öffne mir die Augen für das, was wesentlich ist in meinem Leben. Schenke mir das Vertrauen, dass ich nie aus deinen Händen fallen kann. Und mache mich durch deinen Geist fähig, mit meinen Angehörigen über das zu sprechen, was unsere Herzen wirklich bewegt, ihnen meine Liebe und meinen Dank auszudrücken. Schenke mir die Gewissheit, dass die Liebe stärker ist als Krankheit und Tod, dass die Liebe über den Tod hinaus lebendig bleibt und uns weiterhin miteinander verbindet.

Barmherziger Gott, verwandle du meine Angst in Hoffnung, Vertrauen und Liebe. Dafür danke ich dir durch deinen Sohn Jesus Christus, der selbst mit mir in meine Angst hineingegangen ist. Amen.

Vorschläge
für Rituale

Als Begleiter kannst du folgende Rituale
mit dem Kranken vollziehen.

Salbung der Hände

Lade den Kranken ein, seine Hände dir entgegenzustrecken.
Erkläre ihm, dass er in seinen Händen seine eigene Wahrheit
Gott hinhält, alles, was sich in seine Hände eingegraben hat,
auch seine Wunden und Verletzungen, auch seine Krankheit. Dann salbe beide Hände, indem du mit deinem Zeige-
finger ein Kreuz mit dem Heilöl hineinzeichnest und dabei
sprichst: »Gott heile deine Wunden und segne deine Hände.
Gottes Liebe ströme ein in deine Wunden, in deine Krankheit
und durchdringe sie mit seiner heilenden Kraft. Gottes Geist
stärke deine Hände, dass du gegen die Krankheit kämpfen und
sie überwinden kannst. Und Gott segne deine Hände, dass sie
eine Spur des Segens eingraben in diese Welt.«

Auflegung der Hände

Wenn der Kranke einverstanden ist, dass du ihn segnest, dann lege die Hände zuerst schweigend auf seinen Kopf. Dann kannst du laut folgenden Segen sprechen:

»Barmherziger und guter Gott, segne meine Schwester/ meinen Bruder und halte schützend deine gütige Hand über sie/ihn. Hülle sie/ihn ein mit deinem Segen wie mit einem schützenden Mantel. Heile ihre/seine Krankheit und begleite sie/ihn in ihrer/seiner Krankheit mit deinem Segen. Lass sie/ihn auch in ihrer/seiner Krankheit zum Segen werden für andere, für die, die sie/ihn besuchen, für die, die sie/ihn pflegen. Und lass sie/ihn deinen Segen erfahren als Raum der Geborgenheit und Hoffnung. Lass sie/ihn deinen Segen erfahren als Worte, die sie/ihn aufrichten und befreien von allen Ängsten. So segne dich der gütige und barmherzige Gott, der Vater, der Sohn und der Heilige Geist. Amen.«

Einen Brief schreiben

Lade den Kranken ein, jetzt, da er in seiner Krankheit Zeit hat, über sein Leben nachzudenken und einen Brief zu schreiben: an seinen Ehepartner, an seine Kinder, an seine Freunde. Lade ihn ein, zu schreiben, was er mit seinem Leben vermitteln wollte, was er gerne ausstrahlen möchte. Sage dem Kranken, dass er keine Angst vor großen Worten haben muss. Wir wissen, dass wir nie ganz das erfüllen, was wir Menschen gerne sein möchten. Aber es tut dem Kranken vielleicht gut, zu formulieren, was ihn innerlich antreibt, was er mit seiner ganzen Person vermitteln möchte, welche Spur er in diese Welt eingraben möchte. Schlage vor, diesen Brief so aufzubewahren, dass die Angehörigen ihn erst nach seinem Tod öffnen. Dann bleibt der Kranke in den Worten dieses Briefes weiter bei seinen Angehörigen präsent.

Tagebuchschreiben

Lade den Kranken ein, dass er während seiner Krankheit ein Tagebuch führt, in das er alle Gedanken hineinschreibt, die ihm in seiner Krankheit kommen. Er kann aufschreiben, wie er die Krankheit erfährt, wie er die Angehörigen erfährt, die ihn begleiten, wofür er dankbar ist in seinem Leben, was ihm als die Essenz seines Lebens erscheint. Und er kann Gebetsworte aufschreiben, die ihm während der Krankheit in den Sinn kommen.

Du kannst ihm die Geschichte von der Frau erzählen, die während ihrer Krankheit ein Tagebuch geschrieben hat, aus dem während der Beerdigung vorgelesen wurde. Die folgende Passage aus dem Tagebuch hat die Kinder und Besucher tief bewegt: »Heute ist meine Tochter bei mir. Sie hat meine Hand gehalten und mich beim Spaziergang begleitet. Da habe ich mich daran erinnert, wie ich ihre Hand gehalten habe, wenn ich sie zur Schule begleitet habe. Unterwegs haben wir uns immer so viel unterhalten und manchmal gemeinsam gesungen. Aber nach der Schulzeit habe ich ihre Hand nie mehr gehalten, bis heute. Ich habe gemerkt, dass ihre Hand so groß geworden ist und auch voller Kraft. Ich bin so stolz auf sie, weil sie mit dieser Hand so viel geschafft hat, und zwar allein. Jetzt wollte sie mich mit dieser Hand stützen und begleiten. Ich habe mich so glücklich gefühlt.«

Als die Teilnehmer an der Beerdigung diese Worte hörten, waren sie zu Tränen gerührt. Die Mutter wird mit ihren Gedanken und Gefühlen, mit ihrer Zärtlichkeit und Liebe immer in der Familie gegenwärtig bleiben. Das Wesen der Mutter wurde in diesen Worten für alle sichtbar. Und die Worte der Liebe überdauerten den Tod. In diesen Worten wurde allen bewusst: Die Liebe ist stärker als der Tod.

Ritual für den Umgang mit der Angst

Der Begleiter hält die Hand des Patienten und lädt ihn ein, die Augen zu schließen. Dann spricht er zu ihm: Stell dir vor, Jesus selbst nimmt dich jetzt an der Hand. Und dann stell dir vor, wie Jesus am Ölberg so voller Angst war, dass sein Schweiß wie Blut auf die Erde tropfte. Doch dann kam ein Engel, der ihn in seiner Angst stärkte (vgl. Lukas 22,43). Der Engel befreite ihn nicht von der Angst. Aber er gab ihm Kraft, durch die Angst hindurchzugehen. Stell dir vor, dass Jesus jetzt mit dir durch die Angst hindurchgeht. Er versteht deine Angst. Er macht dir keine Vorwürfe. Deine Angst darf sein. Und dann stell dir vor, du gehst mit Jesus weiter durch deine Angst. Du bekommst das Ergebnis der Untersuchung. Wie würdest du reagieren, wenn Jesus dich an deiner Hand hält? Und was würde Jesus dir sagen? Jesus selbst ist seinen Weg bis zum Ende betend gegangen. Das Vertrauen, in den guten Händen seines Vaters zu sein, hat ihn gestärkt. Er hat noch für andere gebetet, für seine Mörder. Und er hat dem Verbrecher zu seiner Rechten die Verheißung gemacht: »Heute noch wirst du mit mir im Paradies sein« (Lukas 23,43).

Was möchtest du den Menschen zu deiner Rechten sagen? Welche Segensworte möchtest du zu ihnen sprechen? Und wie möchtest du von der Welt Abschied nehmen? Vertrau darauf, dass du noch viele Tage und Wochen zur Verfügung hast, auf gute Weise Abschied zu nehmen. Keiner von uns weiß, wie lange ihm bleibt. Aber deine Angst lädt dich ein, deine Tage bewusst zu leben, in Gemeinschaft mit Jesus zu leben und dich immer mehr in ihn hineinzumeditieren. Dann werden deine Tage für dich selbst zum Weg in eine innige Verbindung mit Jesus und für die Menschen um dich herum zu einer gesegneten Zeit.

Meditation des Kreuzwegs

Eine gute Weise, die Krankheit von Christus her zu bewältigen, ist die Meditation des Kreuzwegs und seiner vierzehn Stationen. Ich möchte die vierzehn Stationen kurz betrachten. Als Begleiter des Kranken kannst du einige Stationen aussuchen, die du gemeinsam mit dem Kranken anschaust. Du kannst selbst spüren, welche Stationen für seine Situation am besten passen.

1. Station

Jesus wird zum Tode verurteilt. Über seinen Kopf hinweg entscheiden die Hohenpriester, Jesus zu verurteilen. Vielleicht fühlst du dich durch die Diagnose deiner Krankheit auch verurteilt? Aus heiterem Himmel hat dich das Urteil getroffen: Ich bin krank. Und ich weiß nicht, was die Folge und der Ausgang meiner Krankheit ist. Jesus hat so viel für die Menschen getan. Er hat die Kranken geheilt, hat den Sündern neuen Mut und neue Hoffnung geschenkt. Jetzt wird über ihn dieses Urteil verhängt. Vielleicht denkst du auch: Ich habe so viel für andere getan. Und ich habe auch versucht, gut zu leben, mich gesund zu ernähren, maßvoll bei allem zu sein. Warum bin ich jetzt krank geworden? Jesus hat sein Schicksal angenommen. Er hat darauf vertraut, dass Gott, sein Vater, ihm das geschickt hat. Und er hat es angenommen für die anderen. Du sollst nicht nach Gründen und Ursachen deiner Krankheit fragen. Nimm sie wie Jesus an, auch für die Menschen um dich herum. Dann kannst du sie auch tragen.

2. Station

Jesus nimmt das Kreuz auf seine Schultern. Jesus macht dir vor, wie du mit deiner Krankheit umgehen sollst. Nimm sie auf deine Schultern. Trage sie vor Gott. Und vertraue auf Gott, dass die Last nicht zu schwer für dich sein wird. Nimm wie Jesus dein Kreuz an. Aber bitte Gott auch um die Kraft, es zu tragen. Und tue das, was in deiner Hand liegt, um die Krankheit zu bewältigen. Arbeite gut mit den Ärzten zusammen. Und sei bereit, dich innerlich zu wandeln. Überlege, wo du deine Lebensweise und deine Einstellung zum Leben verwandeln solltest. Jesus trägt das Kreuz. Trage du die Verantwortung für dich und für dein Gesundwerden und kämpfe mit dem Kreuz der Krankheit, damit Gott es dir abnimmt.

3. Station

Jesus fällt zum ersten Mal unter dem Kreuz. Es ist tröstlich für dich, dass Jesus nicht der starke Held ist, der sein Kreuz souverän trägt. Er fällt unter der Last des Kreuzes zu Boden. Auch dich wird die Krankheit manchmal niederdrücken. Wenn du am Boden liegst, schau auf Jesus, der neben dir liegt und mit dir solidarisch ist. Und söhne dich aus mit deiner Schwäche. Das Fallen bedeutet, deinen Stolz und deinen Erfolg loszulassen. Lasse dich in Gott hinein los und nimm dich selbst an in deiner Schwäche.

4. Station

Jesus begegnet seiner Mutter. Deine Angehörigen besuchen dich in deiner Krankheit. Bei manchen fällt es dir schwer, zu deiner Krankheit zu stehen. Die Mutter bewertet nicht. Sie versteht alles. Du musst dich den Angehörigen gegenüber nicht erklären. Vertraue darauf, dass sie alles verstehen und dass sie dir mütterlich beistehen. Und lass den mütterlichen Trost zu, den dir deine Verwandten geben. Sie wollen für dich sorgen. Lass dir helfen. Damit hilfst du auch deinen Verwandten, denen ihr Helfen über ihre manchmal schmerzliche Hilflosigkeit hinweghilft.

5. Station

Simon von Cyrene hilft Jesus das Kreuz tragen. Auch dir stehen viele Menschen zur Seite, um mit dir gemeinsam das Kreuz zu tragen: deine Angehörigen, deine Freunde und Freundinnen, die Krankenschwestern und Ärzte. Sie alle nehmen dir immer wieder das Kreuz ab, damit du nicht darunter zusammenbrichst. Lass es ruhig geschehen und nimm es dankbar an, dass andere bereit sind, mit dir dein Kreuz zu tragen. Sei dankbar für die Freundschaft, die dir viele erweisen. Sie nehmen sich bewusst für dich Zeit. Sie opfern dir ihre Zeit, weil sie in deiner Krankheit die Tiefe ihrer Freundschaft zu dir spüren. Lass diesen freundschaftlichen Dienst zu. So wird deine Krankheit die Freundschaft zu manchen Menschen vertiefen.

6. Station

Veronika reicht Jesus das Schweißtuch. Die Menschen, die dir liebevoll beistehen – wie es der Legende nach Veronika getan hat –, dürfen dein wahres Antlitz sehen. Ihnen gegenüber kannst du deine Maske ablegen. Sie dürfen dich sehen, wie du bist, in deiner Schwäche und in deiner Stärke, in deiner Bedürftigkeit und in deiner Sehnsucht. Sie schauen wie Veronika voller Liebe auf dein wahres Antlitz. Und sie teilen wie Veronika deinen Schmerz und lindern ihn durch ihr Mitleid. Lass ihre Liebe in deine Schmerzen hineinfließen. Dann spürst du die tiefe Liebe, die dir deine Verwandten und Freunde erweisen.

7. Station

Jesus fällt zum zweiten Mal unter dem Kreuz. Trotz der Fürsorge, die Jesus von seiner Mutter, von Simon und von Veronika erfährt, bricht er noch einmal unter der Last des Kreuzes zusammen. Mach dir keine Vorwürfe, wenn du trotz aller Pflege und Hilfe und aller Fürsorge doch wieder schwach wirst und das Gefühl hast, das Kreuz nicht mehr tragen zu können, das dir zugemutet wird. Vielleicht fällst du zum zweiten Mal, weil die Medizin nicht so hilft, wie du erwartet hast, weil die erste Therapie nicht so erfolgreich war, wie die Ärzte versprochen haben, oder weil du dich in deinem Körper immer schwächer fühlst. Vertrau dich dann in deiner Schwäche Gottes Liebe an. Gott wird dich wieder aufrichten.

8. Station

Jesus begegnet den weinenden Frauen. Er schaut nicht auf das eigene Leid, sondern auf das Leid, das die Frauen trifft, wenn Jerusalem von den Römern erobert werden wird. Deine Krankheit macht dich sensibel auch für das Leid derer, die dich begleiten. Lass dich nicht nur pflegen und trösten, sondern werde auch du selbst zum Trost für die Menschen, die um dich weinen, weil du diese Krankheit hast. Dann darfst du erleben, wie du in deiner Krankheit zum Segen werden darfst für andere. Andere bekommen in deiner Nähe den Mut, über ihre eigenen Ängste vor dem Krankwerden zu sprechen. Und so erfahren sie dich als Segen für sich selbst.

9. Station

Jesus fällt zum dritten Mal unter dem Kreuz. Immer wieder fallen, trotz aller Hilfe, die wir erfahren, das ist unsere Erfahrung. Wir machen uns selbst Vorwürfe, wenn wir zum dritten Mal fallen. Wir denken, ein Rückfall allein genügt. Doch Jesus tröstet uns mit seinem dritten Fall. Setze dich nicht unter Druck. Du bist auch dann nicht allein, wenn du enttäuscht bist über dich selbst, weil du nicht so stark bist, wie du es gerne sein möchtest. Vielleicht fällst du zum dritten Mal, weil du dich von deinen Angehörigen oder von den Ärzten nicht verstanden fühlst, weil du dich allein gelassen fühlst. Vertraue darauf, dass Jesus auch in dieser Einsamkeit des Fallens bei dir ist. Und lass dich in seine Arme fallen, dass er dich in seiner Liebe auffängt.

10. Station

Jesus wird seiner Kleider beraubt. Die Krankheit entblößt dich. Sie raubt dir die Kleider, die dich vor den Blicken der anderen schützen. Du gibst dich den Menschen so, wie du bist. Schäme dich nicht vor den Blicken der Menschen. Spüre in dir, dass du in deiner entblößten Wahrheit geschützt bist von Jesus Christus, der am Kreuz von allem Schutz und Schmuck entblößt den Menschen ausgesetzt war. Wenn dir alles genommen wird, was dich schützt – deine Stärke, dein Besitz, deine Selbstsicherheit, deine Selbstkontrolle –, so bleibt doch deine wahre Würde. Die kann dir niemand nehmen. Die hast du von Gott und in Gott. Gottes Liebe ist gleichsam das Kleid, das dich einhüllt und schützt vor dem Urteil der Menschen.

11. Station

Jesus wird ans Kreuz genagelt. Du bist dir selbst das Kreuz. Du bist angenagelt an dein Kreuz. Du kannst ihm nicht entgehen. Aber spüre auch, dass du am Kreuz deine Arme ausstreckst und wie Jesus alle umarmst, die dich besuchen. Du brauchst dich nicht mehr zu schützen. Du hältst die Arme auf und umarmst alle, die dich betrachten. Am Kreuz umarmt Jesus alle Gegensätze dieser Welt: Himmel und Erde, Licht und Dunkel, Juden und Griechen, Männer und Frauen. Umarme jetzt in deiner Krankheit alles Gegensätzliche in dir. Versöhne dich mit dir und deiner Lebensgeschichte. Und versöhne dich mit den Menschen, von denen dich ein Missverständnis oder ein Konflikt trennt.

12. Station

Jesus stirbt am Kreuz. Sein Gottvertrauen hat Jesus nicht vor dem Tod bewahrt. Früher oder später wird jeder von uns sterben. Und kein Gebet wird uns davor bewahren. Aber Jesus zeigt uns, dass der Tod nichts Grausames ist. Er stirbt betend mit dem Wort: »Vater, in deine Hände lege ich meinen Geist.« Er vollendet das, was wir jeden Abend einüben, wenn wir uns im Schlaf in Gottes Händen bergen. Im Tod werden wir uns für immer in Gottes liebenden Armen bergen. Stelle dir vor, dass du jetzt, da du im Bett liegst, in Gottes zärtlichen Händen ruhst. Und aus diesen zärtlichen Händen kann dich nichts mehr herausreißen, weder ein Schmerz noch eine Verletzung durch andere, ja nicht einmal der Tod.

13. Station

Jesus wird vom Kreuz abgenommen und in den Schoß seiner Mutter gelegt. In der Krankheit und im Tod ruhen wir in Gottes mütterlichen Armen. Gottes mütterliche Arme umgeben uns jetzt schon in der Krankheit, wenn sich liebe Menschen uns zuwenden. Und Gottes liebende Arme werden uns auffangen, wenn wir im Tod in Gottes Liebe hinein sterben. In Krankheit und Tod sehnen wir uns nach dem mütterlichen Gott, der uns liebevoll in seinen Armen trägt. Maria, die ihren toten Sohn Jesus in ihren Händen hat, war gerade in Pestzeiten, da der Tod viele Menschen in Schrecken versetzte, ein Hoffnungsbild. Wenn wir auf Maria mit ihrem toten Sohn im Schoß schauen, dann spüren wir: Wir werden nicht in Kälte und Dunkelheit hinein sterben, sondern in die mütterlichen und wärmenden Arme Gottes.

14. Station

Der heilige Leichnam Jesu wird in das Grab gelegt. Jesus ist nicht nur für uns gestorben. Er ist auch begraben worden. Er ist im Tod in die Einsamkeit des Grabes hineingestiegen. Es gibt nun keine Einsamkeit mehr, die nicht von seiner liebenden Nähe erfüllt ist. So brauchen wir keine Angst zu haben, weder vor der Einsamkeit der Krankheit, noch vor der Einsamkeit des Todes und des Grabes. Immer ist er bei uns, der mit uns und für uns alle Abgründe unseres Lebens und Sterbens miterlebt und verwandelt und geheiligt hat. Mach dir keine Sorgen um deine Angehörigen und Freunde. Sie werden dich immer in dankbarer Erinnerung halten. Und du wirst auch nach dem Tod ein Segen für sie sein. Ja, ihnen werden erst nach deinem Tod die Augen aufgehen, und sie werden erkennen, wer du wirklich warst. Sie werden dein Geheimnis verstehen und so im Denken an dich Segen erfahren.

Auferstehung

Jesus steht aus dem Grabe auf. Der Kreuzweg kennt nur vierzehn Stationen. Doch oft wird in den Kirchen oder auf Wallfahrtswegen noch eine weitere Station hinzugefügt: die Auferstehung Jesu. Wir wissen, dass der Kreuzweg nicht im Tod Jesu endet, sondern in seiner Auferstehung. Wenn du auf das Bild des Auferstandenen schaust, dann verlierst du die Angst vor dem Tod. Du wirst mit Christus auferstehen zum ewigen Leben. Der Blick auf den Auferstandenen will dir aber auch das Vertrauen schenken, jetzt schon aufzustehen aus deiner Krankheit. Bitte den Auferstandenen, dass er dich jetzt schon aufrichtet und dich von deiner Krankheit befreit und heilt. Und vertrau darauf, dass der auferstandene Christus dich immer an der Hand hält, jetzt in deiner Krankheit, um dich aufzurichten, und dann am Ende deines Lebens, wenn er dich mit seiner Hand über die Schwelle des Todes führt in das Reich des himmlischen Vaters, in die ewige Herrlichkeit, die du mit allen genießen kannst, die du gekannt hast und die vor dir gestorben sind, und mit allen Engeln und Heiligen. Dann wird ewiger Jubel sein und ewige Freude.

Literatur

Ida Cermak, Ich klage nicht. Begegnungen mit der Krankheit in Selbstzeugnissen schöpferischer Menschen, Wien 1972 (hier finden sich auch die Zitate von Reinhold Schneider und André Gide).

Monika Renz, Zeugnisse Sterbender. Todesnähe als Wandlung und letzte Reifung, Paderborn 2001.

Anne-Marie und Rainer Tausch, Sanftes Sterben. Was der Tod für das Leben bedeutet, Reinbek bei Hamburg 1985.

Ken Wilber, Mut und Gnade. Die Geschichte einer großen Liebe – das Leben und Sterben der Treya Wilber, München 1991.

Bibliographische Information der Deutschen Nationalbibliothek
Die Deutsche Nationalbibliothek verzeichnet diese Publikation in der Deutschen Nationalbibliographie. Detaillierte bibliographische Daten sind im Internet über http://dnb.d-nb.de abrufbar.

1. Auflage 2017
© Vier-Türme GmbH, Verlag, Münsterschwarzach 2017
Alle Rechte vorbehalten
Lektorat: Marlene Fritsch
Gestaltung: wunderlichundweigand
Umschlagfoto: © Borut Trdina/iStock.com
Druck und Bindung: Pustet, Regensburg
ISBN 978-3-7365-0045-7
www.vier-tuerme-verlag.de